MALAISIE GUIDE DE VOYAGE 2024

De Batik aux grottes Batu : dévoilement des trésors culturels de la Malaisie

DAVID K. ROY

Copyright © par David K. Roy 2024. Tous droits réservés.

Avant que ce document ne soit dupliqué ou reproduit de quelque manière que ce soit, le consentement de l'éditeur doit être obtenu. Par conséquent, le contenu ne peut être ni stocké électroniquement, ni transféré, ni conservé dans une base de données. Ni en partie ni dans son intégralité, le document ne peut être copié, numérisé, télécopié ou conservé sans l'approbation de l'éditeur ou du créateur.

TABLE DES MATIÈRES

CHAPITRE 1 7

Dévoiler la magie de la Malaisie 7

CHAPITRE 2 15

Planifiez votre aventure malaisienne 15

Visa et éléments essentiels d'entrée : Déballage des exigences 15

S'y rendre et se déplacer : votre guide ninja de navigation malaisien 17

Atterrissage en douceur : aéroports de Malaisie et correspondances ultérieures 19

Centrale des transports publics : naviguer comme un local .. 20

CHAPITRE 3 27

Sites et expériences incontournables en Malaisie 27

Kaléidoscope de Kuala Lumpur : explorez la capitale énergétique 27

Le charme Permai de Penang : un joyau du patrimoine mondial de l'UNESCO 32

La beauté à couper le souffle de Bornéo : à la rencontre des orangs-outans et des forêts tropicales luxuriantes 35

Île paradisiaque : trouver votre coin de paradis 36

CHAPITRE 4 .... **41**

Au-delà du sentier touristique : dévoiler les joyaux cachés de la Malaisie.. 41

Cameron Highlands Majesty : évadez-vous vers la fraîcheur de l'étreinte... 41

Melaka à Malacca : le paradis d'un voyageur temporel........ 48

Niah Caves : un voyage dans les profondeurs de Bornéo... 55

CHAPITRE 5 .... **61**

Un festin de fusion : enchantez vos papilles gustatives en Malaisie 61

Hawker Haven : une aventure culinaire au cœur de la Malaisie 68

Cours de cuisine Capers : maîtriser l'art de la cuisine malaisienne 73

CHAPITRE 6 .... **79**

Établir un budget pour le bonheur : votre guide de voyage essentiel.. 81

Phrases de base en bahasa malaisien : combler le fossé avec le sourire 88

Dévoilement de l'hospitalité malaisienne : un guide pour des séjours économiques, de milieu de gamme et de luxe............... 96

Joyaux économiques : adopter l'abordabilité avec le confort 96

Merveilles de milieu de gamme : trouver l'équilibre parfait 99

Hébergements de luxe : dévoiler une opulence inoubliable 102

CHAPITRE 7 .... **107**

Le calendrier dynamique de la Malaisie - Un voyage à travers les festivals et événements 107

Festivals essentiels : témoin de l'âme de la Malaisie 109

Planifier votre expérience de festival : tirer le meilleur parti de votre voyage 113

CHAPITRE BONUS **115**

Guide de l'initié – Dévoilement des joyaux cachés de la Malaisie 115

Savvy en matière de souvenirs : devenez un gourou du shopping de souvenirs en Malaisie 122

ANNEXE **129**

Glossaire de termes : dévoiler la langue de la Malaisie 129

INDICE **134**

UTILISEZ L'APPAREIL POUR NUMÉRISER POUR VOIR LA CARTE DE LA MALAISIE

CHAPITRE 1

Dévoiler la magie de la Malaisie

La Malaisie, joyau de l'Asie du Sud-Est, se déploie comme une tapisserie fascinante tissée à partir de fils de cultures malaise, chinoise, indienne et autochtone. Imaginez des paysages urbains animés où les minarets percent le ciel et les gratte-ciel scintillent comme des géants de verre. Imaginez des forêts tropicales sereines regorgeant d'animaux exotiques, leurs canopées émeraude résonnant des appels de créatures invisibles. Imaginez des eaux turquoise se déversant sur des plages immaculées, bordées de palmiers ondulants et promettant une détente sans fin. Cette fusion captivante d'images, de sons et de saveurs est l'essence même de la Malaisie, une terre qui attend d'être explorée.

Un kaléidoscope culinaire

Votre aventure malaisienne commence par une symphonie pour les sens. Promenez-vous dans un marché nocturne animé, l'air est saturé d'arômes de viandes satay grésillantes, de currys parfumés et du doux parfum de fruits tropicaux. Dégustez une assiette de Nasi Lemak , le plat national, où du riz moelleux à la noix de coco est couronné d'anchois croustillants, d'un œuf au plat et d'une pâte de sambal piquante.

Mordez dans un moelleux Roti Canai , un pain plat feuilleté trempé dans un riche curry de lentilles, un héritage de l'héritage indien de la Malaisie.

Ne manquez pas l'occasion de savourer un bol fumant de Penang Laksa , une soupe de nouilles épicée regorgeant de fruits de mer et d'herbes parfumées, témoignage de l'influence chinoise de la région. Chaque bouchée est une rencontre culturelle, un délicieux voyage à travers la diversité de la Malaisie.

Une tapisserie historique

La tapisserie vibrante de la Malaisie s'étend au-delà de sa cuisine, profondément ancrée dans le tissu de son histoire. Plongez dans les anciens royaumes malais qui prospéraient autrefois, laissant derrière eux des ruines majestueuses et des temples complexes. Explorez Melaka, un site classé au patrimoine mondial de l'UNESCO, où les vestiges des époques coloniales portugaise, néerlandaise et britannique se côtoient, chacun chuchotant des histoires du passé. Entrez dans l'atmosphère sereine du temple Kek Lok Si de Penang, le plus grand temple bouddhiste d'Asie du Sud-Est, ses sculptures complexes et ses pagodes vertigineuses témoignent du fort héritage chinois de la région. Au cœur de Bornéo, découvrez les grottes Niah , des merveilles archéologiques où les peintures préhistoriques offrent un aperçu de la vie des premiers établissements humains. La riche histoire de la Malaisie est un livre ouvert qui attend d'être exploré par les esprits curieux.

Un kaléidoscope de cultures

Le cœur de la Malaisie bat au rythme de ses diverses cultures. Plongez-vous dans l'énergie vibrante d'un festival hindou Thaipusam, où les fidèles se transpercent le corps avec des chars en argent élaborés, démontrant une dévotion inébranlable.

Soyez témoin des joyeuses célébrations de Hari Raya Aidilfitri (Eid al- Fitr), où les familles se rassemblent en tenues colorées pour marquer la fin du Ramadan. Explorez les quartiers animés de Chinatown avec leurs lanternes rouges et leurs marchés débordants, ou promenez-vous dans de charmantes enclaves indiennes remplies d'arômes d'épices et de saris vibrants. Chaque coin de la Malaisie offre un aperçu d'une tradition culturelle unique et une chance de se connecter avec l'âme de la nation.

Un paysage d'une beauté enchanteresse

Mère Nature peint la toile de la Malaisie avec des paysages à couper le souffle. Escaladez les majestueux sommets du mont Kinabalu, la plus haute montagne d'Asie du Sud-Est, et soyez récompensé par des vues panoramiques sur des forêts tropicales luxuriantes s'étendant à perte de vue. Embarquez pour une croisière fluviale captivante au cœur de Bornéo, où les anciennes forêts tropicales regorgeant d'orangs-outans, de calaos et de singes proboscis déploient leur magie émeraude le long des rives. Détendez-vous sur des plages immaculées bordées de cocotiers ondulants à Langkawi, un havre d'eaux turquoise et de criques cachées. Que vous recherchiez l'aventure au cœur de la forêt tropicale ou la sérénité au bord de la mer, les paysages diversifiés de la Malaisie offrent une évasion à tous.

Dévoiler la magie

La Malaisie est bien plus qu'une simple destination de voyage ; c'est une expérience qui perdure longtemps après votre retour à la maison. C'est la chaleur d'un sourire local, le frisson de découvrir un joyau caché et le goût inoubliable de un plat exotique. Cette terre captivante attire par son kaléidoscope de cultures, sa riche histoire et ses paysages à couper le souffle. Alors faites vos valises, ouvrez votre esprit et préparez-vous à être enchanté par la magie de la Malaisie.

Un aperçu de l'histoire : à la découverte de la tapisserie de la Malaisie

Le présent dynamique de la Malaisie est tissé à partir des fils d'un passé riche et fascinant. Cette nation d'Asie du Sud-Est possède une histoire aussi diversifiée que sa population, façonnée par d'anciens empires, de puissants royaumes commerciaux et l'héritage du colonialisme européen. Attachez votre ceinture, car nous nous apprêtons à embarquer pour un voyage éclair à travers les âges !

Des premiers royaumes à la montée de l'Islam (avant 1500)

Les premiers murmures de l'histoire malaisienne proviennent des puissants royaumes hindous de Funan et Langkasuka, florissants entre le 1er et le 15e siècle après JC. Ces empires maritimes ont prospéré grâce au commerce, laissant derrière eux des sites archéologiques impressionnants comme la vallée de Bujang à Kedah, faisant allusion à leur civilisation sophistiquée. Vers le VIIe siècle, un vent de changement commence à souffler. Le bouddhisme est arrivé d'Inde, laissant son empreinte sur de magnifiques temples comme le Candi Bukit Batu à Selangor. Cependant, le changement le plus significatif s'est produit avec l'arrivée de l'Islam aux XIVe et XVe siècles. Les commerçants du Moyen-Orient ont apporté non seulement de nouvelles épices et de nouveaux tissus, mais aussi la foi islamique.

L'islam a gagné du terrain parmi l'élite dirigeante, devenant finalement la religion dominante dans la péninsule malaise. Cette période a vu l'essor de puissants sultanats comme Malacca, une ville portuaire prospère qui a prospéré en tant que centre commercial entre l'Est et l'Ouest.

La ruée vers les épices et l'arrivée des Européens (1500-1800)

Le XVIe siècle a été témoin d'un changement radical lorsque les puissances européennes, alimentées par le commerce des épices, ont jeté leur dévolu sur l'Asie. Les Portugais furent les premiers à arriver, attirés par la promesse de cannelle, de clous de girofle et de muscade. En 1511, ils s'emparèrent de Malacca, la transformant en un avant-poste clé de leur empire asiatique naissant. Cependant, la domination portugaise fut de courte durée. Les Néerlandais, grâce à leur puissance navale supérieure, chassèrent les Portugais en 1641. Les Néerlandais se concentraient sur la consolidation de leur contrôle sur le commerce des épices, en établissant des comptoirs commerciaux à Penang et Melaka. Leur influence est encore visible dans l'architecture de ces villes de l'époque hollandaise, avec leurs toits à pignon distinctifs et leurs façades en briques rouges.

Ascendance britannique et formation de la Malaisie (1800-1957)

Le XIXe siècle voit l'arrivée de la Compagnie britannique des Indes orientales, un puissant conglomérat commercial. Reconnaissant l'importance stratégique de la péninsule malaise, les Britanniques étendirent progressivement leur influence. À la fin du XIXe siècle, ils avaient établi une série de protectorats sur divers États malais, pour finalement former les États malais fédérés en 1895.

La domination britannique a apporté des changements importants, notamment l'introduction d'un nouveau système administratif, le développement des infrastructures et l'afflux de main-d'œuvre chinoise et indienne. Ces évolutions ont jeté les bases de la société multiethnique qui caractérise aujourd'hui la Malaisie.

La lutte pour l'indépendance et la naissance d'une nation (années 1940-1957)

Le 20ème siècle a vu un sentiment croissant de nationalisme parmi le peuple malais. L'occupation japonaise pendant la Seconde Guerre mondiale a encore alimenté le désir d'autonomie. Après la guerre, l'Union malaise fut créée, visant à unir les différents États malais et Singapour. Cependant, cette décision a aliéné les non-Malais, ce qui a conduit à la formation de la Fédération de Malaisie en 1948. Les négociations se sont poursuivies, culminant avec le moment historique de l'indépendance le 31 août 1957. Tunku Abdul Rahman, le premier Premier Ministre, a joué un rôle central dans l'unification des diverses ethnies pour former la Fédération de Malaisie.

Un héritage de diversité

Le passé de la Malaisie témoigne de sa résilience et de sa capacité d'adaptation. Des empires anciens aux puissants royaumes commerciaux, en passant par l'héritage du colonialisme européen, chaque époque a laissé sa marque unique.

Aujourd'hui, la Malaisie est une nation dynamique, un creuset de cultures, de religions et de traditions. Comprendre sa riche histoire est crucial pour apprécier la tapisserie unique qu'est la Malaisie d'aujourd'hui.

Au-delà du texte : des expériences inoubliables

- **L'histoire prend vie :** Visitez le Musée national de Kuala Lumpur pour un aperçu complet de l'histoire de la Malaisie.

- **La splendeur d'un sultanat :** Explorez les ruines de l'ancienne ville de Malacca, site classé au patrimoine mondial de l'UNESCO, et plongez dans le passé fascinant du sultanat.

- **Échos coloniaux :** Promenez-vous dans les rues de George Town à Penang, un site classé au patrimoine mondial de l'UNESCO, où l'architecture néerlandaise et britannique se mélange harmonieusement.

Un aperçu de l'histoire n'est que le début de votre aventure malaisienne. En approfondissant votre découverte de ce pays fascinant, vous découvrirez un kaléidoscope de cultures, des paysages à couper le souffle et une hospitalité chaleureuse qui vous donneront envie d'explorer davantage.

CHAPITRE 2

Planifiez votre aventure malaisienne

Bienvenue dans le monde passionnant de la planification de voyages ! Ce chapitre vous fournit les connaissances essentielles pour naviguer dans le processus d'arrivée en Malaisie et assurer une transition en douceur de la planification au paradis.

Visa et éléments essentiels d'entrée : Déballage des exigences

Avant de vous laisser emporter par le charme des eaux turquoise et des rues animées de la Malaisie, il est essentiel de comprendre les exigences en matière de visa. Voici un récapitulatif pour faciliter votre arrivée :

- **Entrée sans visa :** Les citoyens de nombreux pays, dont les États-Unis, le Royaume-Uni et la plupart des pays de l'Union européenne, bénéficient d'une entrée sans visa pour des séjours allant jusqu'à 90 jours. Cependant, vérifiez toujours les dernières informations auprès de l'ambassade ou du consulat de Malaisie le plus proche pour toute mise à jour spécifique à votre nationalité.

- **Visa à l'arrivée :** Les voyageurs en provenance de certains pays peuvent obtenir un visa à leur arrivée aux points de contrôle d'immigration désignés en Malaisie. Ce visa permet généralement un séjour de 30 jours et peut être soumis à des frais. Confirmez l'éligibilité et les frais à l'avance pour éviter les surprises à l'aéroport.

- **Demander un visa :** Si votre séjour dépasse la durée d'exemption de visa ou de visa à l'arrivée, ou si vous prévoyez des activités nécessitant un type de visa spécifique (travail, études), vous devrez faire une demande de visa au préalable. dans une ambassade ou un consulat de Malaisie dans votre pays d'origine.

Documents essentiels à emporter :

- **Passeport valide :** Assurez-vous que votre passeport a au moins six mois de validité à compter de votre date d'arrivée en Malaisie. Deux pages vierges sont également recommandées pour les timbres d'immigration.

- **Billet de continuation ou de retour :** Les agents de l'immigration peuvent demander une preuve de votre départ de Malaisie. Ayez à portée de main une copie imprimée de votre billet d'avion aller-retour.

- **Assurance voyage :** Des situations inattendues surviennent. Investissez dans une assurance voyage pour assurer votre tranquillité d'esprit et une couverture en cas d'urgence médicale, d'annulation de voyage ou de perte de bagages.

Conseils supplémentaires pour une arrivée en douceur :

- **Téléchargez l'application MySejahtera :** Il s'agit d'une application obligatoire pour la recherche des contacts et les déclarations de santé en Malaisie. Familiarisez-vous avec l'application et remplissez tous les formulaires préalables au départ nécessaires avant votre vol.

- **Déclarer des franchises de droits :** La Malaisie impose des limitations sur les importations hors taxes comme les cigarettes, l'alcool et les cadeaux. Soyez conscient des allocations et déclarez tout élément dépassant les limites pour éviter les pénalités.

- **Monnaie locale :** Bien que les cartes de crédit soient largement acceptées dans les grandes villes, il est toujours utile d'avoir sur soi du ringgit malais (MYR) pour les petits achats et les transports locaux. Les guichets automatiques sont facilement disponibles, mais vérifiez auprès de votre banque les frais de retrait internationaux.

S'y rendre et se déplacer : votre guide ninja de navigation malaisien

Bienvenue, voyageur intrépide ! Se lancer dans l'aventure malaisienne nécessite de conquérir l'art de s'y rendre et de se déplacer. N'ayez crainte, car ce chapitre vous donne les connaissances nécessaires pour naviguer comme un ninja chevronné. Nous examinerons les options de vol depuis diverses régions, explorerons les systèmes de transports publics efficaces et dévoilerons les secrets de la location de voitures pour les explorateurs indépendants.

Prendre son envol : des ailes au pays de l'exotisme

Atteindre les côtes de la Malaisie est la première étape de votre aventure. Heureusement, il existe de nombreuses options de vol, adaptées à divers budgets et styles de voyage.

- **Depuis l'Est :** Les voyageurs en provenance d'Asie ont une multitude de choix. Les compagnies aériennes à bas prix comme AirAsia et Scoot proposent des liaisons fréquentes depuis les principaux hubs asiatiques comme Singapour, Bangkok et Hong Kong. Des compagnies aériennes comme Malaysia Airlines et Cathay Pacific s'adressent à ceux qui recherchent une expérience plus premium.

- **Depuis l'Ouest :** L'Europe et l'Amérique du Nord peuvent se connecter via de grands transporteurs comme Emirates, Etihad et Qatar Airways, offrant des escales confortables au Moyen-Orient. Alternativement, envisagez des compagnies aériennes comme KLM et Turkish Airlines pour une escale européenne.

- **Depuis l'Australie :** Les voyageurs en provenance d'Australie et de Nouvelle-Zélande peuvent se connecter via des compagnies aériennes telles que Malaysia Airlines, Singapore Airlines et Qantas, proposant des vols directs ou avec escale vers Kuala Lumpur.

Conseil de pro : réservez à l'avance et pendant les saisons intermédiaires

Pour bénéficier des tarifs les plus abordables, pensez à réserver vos vols à l'avance, en particulier pendant les saisons intermédiaires (mars-mai et septembre-novembre), lorsque les foules de touristes sont moins nombreuses et que les prix des vols baissent.

Atterrissage en douceur : aéroports de Malaisie et correspondances ultérieures

La Malaisie abrite plusieurs aéroports internationaux, dont le principal est l'aéroport international de Kuala Lumpur (KLIA). Les autres grands aéroports comprennent l'aéroport international de Penang, l'aéroport international de Langkawi et l'aéroport international de Kota Kinabalu à Bornéo. À votre arrivée, des options de transport efficaces vous emmènent vers votre prochaine destination.

- **KLIA Ekspres :** Ce train à grande vitesse relie KLIA directement au centre-ville de Kuala Lumpur en seulement

28 minutes. Une option pratique et confortable, surtout pour les nouveaux visiteurs.

- **Taxis avec compteur :** des taxis sont facilement disponibles dans tous les principaux aéroports. Assurez-vous qu'ils utilisent le compteur pour un tarif équitable. Les applications de covoiturage comme Grab (l'équivalent d'Uber en Asie du Sud-Est) sont également une option pratique.
- **Bus d'aéroport :** les voyageurs soucieux de leur budget peuvent utiliser des bus express efficaces qui relient l'aéroport à diverses destinations de la ville ou de l'État.

Centrale des transports publics : naviguer comme un local

La Malaisie dispose d'un réseau de transports publics bien développé, permettant d'explorer facilement différentes régions et villes. Les principaux acteurs se répartissent comme suit :

- **Les trains:**
    - **KTM (Keretapi Tanah Melayu) :** Le système ferroviaire national propose des voyages abordables et pittoresques à travers la péninsule malaisienne.
    - **Rapid KL :** Le vaste réseau de transport léger sur rail (LRT), de monorail et de train urbain (MRT) de

Kuala Lumpur relie efficacement les principales zones urbaines.

- **ETS (Electric Train Service) :** Ce service ferroviaire à grande vitesse relie les grandes villes comme Kuala Lumpur, Ipoh, Penang et Singapour, offrant une option de voyage confortable et rapide.
- **Bus :** Les bus express constituent l'épine dorsale des voyages interurbains en Malaisie. Des entreprises comme Easy Coach, Aeroline et Nice proposent des autocars confortables et climatisés reliant les principales destinations à des prix abordables. Les bus locaux dans les villes constituent un moyen économique de parcourir des distances plus courtes.

Conseil de pro : laissez-passer de transports publics

Envisagez d'acheter des titres de transport pour des trajets illimités dans une période donnée, surtout si vous prévoyez d'utiliser largement les transports en commun dans une ville.

Prendre la route : location de voitures pour les âmes aventureuses

Pour une liberté et une flexibilité ultimes, pensez à louer une voiture. De grandes sociétés internationales de location de voitures comme

Avis, Budget et Hertz sont présentes dans toute la Malaisie. Voici ce que vous devez savoir :

- **Permis de conduire international (IDP) :** Un IDP est un document essentiel qui traduit votre permis de conduire dans un format internationalement reconnu. Procurez-vous-en un dans votre pays d'origine avant votre voyage.

- **Règles de la route et étiquette :** Conduisez sur le côté gauche de la route et faites attention aux motos, qui sont un mode de transport courant.

- **Péages :** Plusieurs autoroutes en Malaisie sont payantes. Assurez-vous d'avoir suffisamment d'argent liquide ou une carte de péage prépayée pour une navigation en douceur.

Conseil de pro : choisir la bonne voiture

Pensez à la taille de votre groupe et aux domaines que vous souhaitez explorer. Les voitures plus petites et économes en carburant sont idéales pour la conduite en ville, tandis que les SUV offrent plus de confort et d'espace pour les longs trajets ou pour s'aventurer hors des sentiers battus.

S'aventurer au-delà du continent : visite d'île en île et Bornéo

Atteindre les magnifiques îles de Malaisie nécessite une planification supplémentaire :

- **Ferries :** des ferries réguliers partent des ports du continent comme Penang et Langkawi vers des destinations insulaires populaires comme Langkawi, les îles Perhentian et l'île Tioman . Vérifiez les horaires des ferries et réservez vos billets à l'avance, surtout pendant la haute saison.

- **Vols :** Pour une option plus rapide, envisagez des vols intérieurs courts depuis les principaux aéroports comme Subang (Kuala Lumpur) et Kota Kinabalu (Bornéo) vers des îles comme Langkawi et Pangkor..

Explorer Bornéo malaisien :

Atteindre Bornéo en Malaisie nécessite de voler dans l'un des principaux aéroports comme Kota Kinabalu (Sabah) ou Kuching (Sarawak). De là, des vols intérieurs ou des bus express vous relient aux petites villes et aux parcs nationaux.

Au-delà des bases : applications de navigation et joyaux locaux

- **Applications de navigation mobile :** téléchargez des cartes et des applications de navigation hors ligne telles que Google Maps ou Waze pour naviguer dans des villes et des routes inconnues.

- **Bus et mini-fourgonnettes locaux :** Pour une expérience véritablement locale, envisagez de vous aventurer sur des trajets plus courts en utilisant des bus ou des mini-fourgonnettes locaux. Il s'agit d'une option économique pour les voyageurs chevronnés à l'aise avec un peu d'aventure.

Un mot sur les applications de covoiturage :

Les applications de covoiturage comme Grab sont un moyen pratique et abordable de se déplacer dans les grandes villes malaisiennes. Téléchargez l'application, inscrivez-vous et hélez un trajet en toute simplicité. Cependant, ils ne sont peut-être pas facilement disponibles dans les petites villes ou les zones rurales.

La sécurité d'abord:

Donnez toujours la priorité à la sécurité lorsque vous naviguez dans un nouveau pays. Voici quelques indications :

- **Soyez attentif à votre environnement :** Gardez un œil sur vos affaires, en particulier dans les zones très fréquentées.

- **Utilisez des itinéraires bien éclairés et peuplés :** Évitez les zones désertes, surtout la nuit.

- **Planifiez vos déplacements :** Recherchez les options de transports en commun ou les itinéraires de location de voiture pour éviter de vous perdre.

- **Apprenez des phrases de base en bahasa malais :** Quelques phrases clés telles que " Terima kasih " (Merci) et " Berapa harga ini ?" (Combien cela coûtet-il ?) contribuent grandement à établir des liens avec les locaux.

Maîtriser l'art de la navigation

Avec les connaissances glanées dans ce chapitre, vous êtes sur la bonne voie pour devenir un ninja de la navigation malaisien. En combinant options de vol, réseaux de transports publics efficaces et liberté de location de voitures, vous pouvez adapter votre style de voyage et explorer les divers paysages de ce pays captivant. N'oubliez pas, profitez du voyage, demandez votre chemin aux habitants en cas de besoin et, surtout, amusez-vous à vous perdre (et à vous retrouver) dans la tapisserie vibrante de la Malaisie !

CHAPITRE 3

Sites et expériences incontournables en Malaisie

La tapisserie vibrante de la Malaisie se déploie à travers des paysages variés, des villes animées aux plages sereines et aux forêts tropicales luxuriantes. Ce chapitre plonge dans les sites et expériences incontournables qui vous couperont le souffle et vous donneront envie d'en savoir plus.

Kaléidoscope de Kuala Lumpur : explorez la capitale énergétique

Kuala Lumpur (KL), une ville qui vibre d'énergie, est votre porte d'entrée vers la Malaisie. Ici, des gratte-ciel emblématiques percent le ciel, des marchés de rue animés regorgent de trésors et des mosquées sereines offrent un moment de tranquillité.

Envolée : tours jumelles Petronas et plate-forme d'observation

Commencez votre aventure à KL avec une visite des emblématiques tours jumelles Petronas. Ces merveilles architecturales, autrefois les bâtiments les plus hauts du monde, continuent de dominer le paysage de la ville. Montez jusqu'au skybridge aux 41e et 42e étages pour une vue panoramique à couper le souffle sur la ville. Pour une expérience encore plus époustouflante, réservez vos billets pour la terrasse d'observation au 86e étage, offrant des vues inégalées qui s'étendent sur des kilomètres.

Conseil de pro : Achetez vos billets en ligne à l'avance pour éviter les longues files d'attente, en particulier pendant la haute saison.

Un régal pour les sens : les marchés de rue de Kuala Lumpur

Plongez-vous dans l'énergie vibrante des marchés de rue animés de KL.

- **Rue Petaling :** Ce marché emblématique du quartier chinois est un labyrinthe d'étals regorgeant de tout ce qui est imaginable : vêtements, souvenirs, objets artisanaux et, bien sûr, de délicieux plats de rue. Affûtez vos talents de négociateur et plongez-vous dans la cacophonie des images et des odeurs.

- **Marché central :** Remontez le temps au marché central magnifiquement restauré, un paradis pour les artisans locaux vendant des objets artisanaux traditionnels malais comme les tissus de batik, les étains et les songket (soie tissée).

- **Marché nocturne de Brickfields (Little India) :** Explorez le quartier animé de Little India à travers son marché nocturne animé. Savourez l'arôme des currys fraîchement épicés, parcourez les étals regorgeant de tissus et de bijoux colorés et savourez une assiette de dosa fumante ou de biryani parfumé.

Conseil de pro : Téléchargez une application de covoiturage telle que Grab pour bénéficier d'un transport pratique et abordable dans la ville.

Un voyage dans le temps : joyaux historiques et délices culturels

KL offre un aperçu de la riche histoire et des diverses cultures de la Malaisie.

- **Sultan Abdul Samad Bâtiment :** Cette magnifique structure d'inspiration mauresque, autrefois siège de l'administration coloniale britannique, abrite aujourd'hui la Haute Cour de Malaisie. Admirez son architecture complexe et prenez une photo devant sa tour de l'horloge emblématique.

- **Musée national :** Plongez dans le passé fascinant de la Malaisie au Musée national. Explorez des expositions présentant les cultures autochtones, les royaumes précoloniaux, l'arrivée de l'Islam et l'ère coloniale.

- **Selangor Pewter Royal Selangor Visitor Centre :** Découvrez l'art de la fabrication de l'étain, un artisanat traditionnel malais. Observez des artisans qualifiés façonner l'étain fondu en œuvres d'art complexes et découvrez l'histoire de cette industrie fascinante.

Un moment de sérénité : les mosquées de Kuala Lumpur

KL possède de superbes mosquées qui offrent un aperçu de l'héritage islamique de la Malaisie.

- **Masjid Negara (mosquée nationale) :** Cette mosquée emblématique, ornée d'un minaret distinctif et d'un grand dôme, est un chef-d'œuvre de l'architecture islamique moderne. Émerveillez-vous devant ses motifs géométriques complexes et son atmosphère sereine. Pensez à vous habiller modestement lors de votre visite (épaules et genoux couverts pour les hommes comme pour les femmes).

Conseil de pro : Pensez à assister à un appel à la prière (azan) au coucher du soleil pour une expérience culturelle véritablement immersive.

Une aventure culinaire : centres Hawker et délices locaux

Aucune visite à KL n'est complète sans se livrer à son incroyable scène culinaire.

- **Hawker Centers :** Ces paradis gastronomiques en plein air sont une expérience incontournable. Des rangées d'étals proposent une variété ahurissante de plats malais, chinois, indiens et Nyonya (fusion) à des prix incroyablement abordables. Goûtez au satay (brochette de viande grillée à la perfection), nasi lemak (riz à la noix de coco avec poisson frit et sambal), char kway teow (nouilles de riz sautées), ou curry laksa (soupe de nouilles épicée).

- **Jalan Alor Marché nocturne :** Cet endroit nocturne populaire prend vie lorsque les stands des vendeurs ambulants proposent un régal pour les sens. Savourez du satay grésillant, des currys parfumés et des fruits de mer frais aux côtés des habitants et des autres voyageurs.

Conseil de pro : Téléchargez une application de traduction culinaire pour naviguer dans les menus et déchiffrer des plats inconnus. N'ayez pas peur d'essayer quelque chose de nouveau !

Au-delà des limites de la ville : excursions d'une journée au départ de Kuala Lumpur

Pour changer de rythme, envisagez ces excursions d'une journée passionnantes au départ de KL :

- **Grottes de Batu :** Explorez une série de temples rupestres hindous ornés de statues colorées et peuplés de singes espiègles. Montez les 272 marches jusqu'à la grotte supérieure pour une vue imprenable et un aperçu des pratiques religieuses hindoues

Le charme Permai de Penang : un joyau du patrimoine mondial de l'UNESCO

L'île de Penang, au large de la côte ouest de la péninsule malaisienne, est enchantée par son architecture coloniale, sa scène de street art dynamique et sa délicieuse scène culinaire.

Une promenade dans le temps : George Town et le patrimoine de l'UNESCO

George Town, la capitale de Penang, est un site du patrimoine mondial de l'UNESCO, réputé pour son architecture de l'époque coloniale magnifiquement préservée.

- **Fort Cornwallis :** Remontez le temps dans ce fort britannique du XVIIIe siècle, offrant un aperçu du passé colonial de Penang. Explorez les remparts, les tunnels et les canons pour une aventure historique.

- **Cheong Fatt Tze Manoir :** Cet opulent manoir chinois, également connu sous le nom de Blue Mansion, est un chef-d'œuvre de l'architecture chinoise du détroit. Émerveillez-vous devant sa façade complexe, sa cour ornée et ses intérieurs magnifiquement préservés.

- **Scène de street art :** Penang est un paradis pour les amateurs de street art. Promenez-vous dans les charmantes rues de George Town et découvrez des peintures murales vibrantes qui représentent tout, du folklore local aux commentaires sociaux.

Conseil de pro : Téléchargez une carte de la scène street art de Penang pour vous assurer de ne manquer aucun joyau caché.

Un paradis gourmand : les délices culinaires de Penang

Penang est un paradis pour les gourmands, offrant une fusion d'influences malaises, chinoises, indiennes et peranakanes.

- **Char Koay Teow :** Ce plat emblématique de Penang consiste à faire sauter des nouilles de riz plates avec un œuf, des légumes et votre choix de protéines (poulet, fruits de mer). Préparez-vous à un coup de pied enflammé avec l'ajout de pâte de chili.

- **Penang Assam Laksa :** Cette savoureuse soupe de nouilles est un incontournable. Un bouillon de poisson savoureux est infusé de tamarin pour un goût aigre et épicé, servi avec des nouilles de riz, des légumes et votre choix de protéines.

- **Kek Lok Temple Si :** Montez la colline de Penang pour visiter Kek Lok Temple Si, le plus grand temple bouddhiste d'Asie du Sud-Est. Explorez ses salles ornées, ses pagodes et ses cours pour un aperçu des traditions bouddhistes. Admirez des vues panoramiques à couper le souffle sur l'île depuis l'enceinte du temple.

Conseil de pro : Envisagez de participer à une visite gastronomique pour goûter aux meilleures spécialités locales et découvrir le patrimoine culinaire unique de Penang.

Au-delà de George Town : à la découverte de la beauté naturelle de Penang

Penang offre bien plus que de simples expériences culturelles.

- **Parc national de Penang :** Évadez-vous de la ville et plongez-vous dans la forêt tropicale luxuriante du parc national de Penang. Partez en randonnée sur des sentiers verdoyants, observez une faune diversifiée et détendez-vous sur des plages immaculées.

- **Batu Ferringhi Marché nocturne :** Découvrez la vie nocturne animée de Batu Ferringhi . Parcourez les stands vendant des souvenirs et de l'artisanat local, savourez une délicieuse cuisine de rue et assistez à des concerts ou à des spectacles de feu sur la plage.

Conseil de pro : Pensez à louer une moto pour explorer les plages et les trésors cachés de Penang à votre rythme. N'oubliez pas de conduire de manière défensive et d'obtenir au préalable un permis de conduire international (IDP).

La beauté à couper le souffle de Bornéo : à la rencontre des orangs-outans et des forêts tropicales luxuriantes

Bornéo en Malaisie, la troisième plus grande île du monde, est un paradis pour les amoureux de la nature. Explorez d'anciennes forêts tropicales, rencontrez une faune captivante et plongez dans des cultures indigènes fascinantes.

Un voyage dans le temps : le parc national de Taman Negara

Embarquez pour une aventure inoubliable à Taman Negara, la plus ancienne forêt tropicale du monde. Promenez-vous dans des jungles denses, observez une faune diversifiée (notamment des éléphants, des calaos et des gibbons) et découvrez la majesté de cet ancien écosystème.

- **Passerelle de la canopée :** Mettez à l'épreuve votre sens de l'aventure en vous promenant sur la passerelle de la canopée la plus longue du monde, offrant une vue imprenable sur la forêt tropicale d'en haut.

- **Semenggok :** Témoin des efforts de réhabilitation des orangs-outans orphelins au Centre de réhabilitation des orangs-outans Semenggok . Observez ces gentils géants dans leur habitat naturel et découvrez les menaces auxquelles ils sont confrontés.

Conseil de pro : Optez pour une visite guidée avec un naturaliste expérimenté pour améliorer votre expérience de la forêt tropicale et découvrir la flore et la faune uniques de Bornéo.

Un aperçu des profondeurs : Niah Grottes

Voyagez dans les profondeurs des grottes Niah, un réseau de grottes calcaires à la riche histoire archéologique. Découvrez des peintures préhistoriques, des stalactites et des stalagmites impressionnantes et observez la faune unique qui habite ces grottes.

Conseil de pro : Envisagez de participer à une visite nocturne pour assister à l'exode spectaculaire de millions de chauves-souris hors des grottes au crépuscule.

Au-delà de la jungle : à la découverte des délices culturels du Sarawak

Sarawak, du côté malaisien de Bornéo, offre un fascinant mélange de cultures.

- **Front de mer de Kuching :** Promenez-vous le long du front de mer pittoresque de Kuching, un quartier animé

Île paradisiaque : trouver votre coin de paradis

La Malaisie possède de superbes îles, chacune offrant son charme unique. Voici quelques destinations insulaires incontournables :

Langkawi : Joyau de Kedah

Langkawi, un archipel de 99 îles au large de la côte ouest de la Malaisie, est un paradis de détente et d'aventure.

- **Pantai Cenang Plage :** Détendez-vous sur des plages de sable blanc immaculées et prélassez-vous dans les eaux turquoise de Pantai Cenang, la station balnéaire la plus populaire de Langkawi.

- **Langkawi Sky Bridge et téléphérique :** Atteignez de nouveaux sommets sur le Langkawi Sky Bridge, un pont piétonnier incurvé à couper le souffle offrant une vue panoramique sur la canopée de la forêt tropicale. Rejoignez le pont via un passionnant trajet en téléphérique.

- **Parc forestier Kilim Ge :** Explorez l'écosystème unique du parc Kilim Geforest, un réseau de mangroves, de formations calcaires et de lagons cachés. Embarquez pour une excursion en bateau et observez une faune diversifiée comme des singes, des aigles et des mudskippers.

Conseil de pro : Pensez à acheter un Langkawi Pass pour bénéficier d'une entrée à prix réduit à diverses attractions et trajets en téléphérique.

Îles Perhentian : un paradis immaculé

Les îles Perhentian, au large de la côte est de la péninsule malaisienne, sont réputées pour leurs magnifiques récifs coralliens et leur atmosphère décontractée.

- **Plongée avec tuba et paradis de la plongée :** Explorez des récifs coralliens vibrants regorgeant de poissons colorés, de tortues et même de requins. Plusieurs opérateurs de plongée proposent des aventures sous-marines pour tous les niveaux d'expérience.

- **Détente et détente :** Échappez à l'agitation et détendez-vous simplement sur des plages immaculées, profitez du soleil et profitcz de la sérénité des îles.

- **Long Beach :** Cette plage animée offre une variété d'options d'hébergement, de restaurants et de bars, parfaits pour ceux qui recherchent une atmosphère animée.

Conseil de pro : La meilleure période pour visiter les îles Perhentian se situe entre mars et septembre, lorsque le temps est sec et la mer calme.

Île Tioman : une évasion pour les amoureux de la nature

L'île Tioman , au large de la côte est de la péninsule malaisienne, possède des forêts tropicales luxuriantes, des plages immaculées et d'excellentes possibilités de plongée.

- **Randonnée et observation de la faune :** Promenez-vous dans la forêt tropicale verdoyante de l'île et observez une faune diversifiée comme des singes, des sangliers et des oiseaux colorés.

- **Rencontres avec la vie marine :** Plongez ou faites de la plongée avec tuba dans les récifs coralliens vibrants entourant l'île Tioman et rencontrez une variété de vie marine, notamment des tortues, des requins et des poissons colorés.

- **Détente et détente :** Offrez-vous une détente bien méritée sur les plages idylliques de Tioman , parfaites pour bronzer, nager et lire un bon livre.

Conseil de pro : Envisagez de séjourner dans un éco-lodge sur l'île Tioman pour minimiser votre empreinte environnementale et soutenir les pratiques de tourisme durable.

Ce chapitre n'a dévoilé qu'un aperçu des expériences incroyables qui vous attendent en Malaisie. Des rues animées de Kuala Lumpur aux plages immaculées de Langkawi, en passant par les forêts tropicales captivantes de Bornéo, la Malaisie offre quelque chose à chaque voyageur. Alors faites vos valises, libérez l'explorateur qui sommeille en vous et préparez-vous à créer des souvenirs inoubliables dans cette nation vibrante et captivante d'Asie du Sud-Est.

CHAPITRE 4

Au-delà du sentier touristique : dévoiler les joyaux cachés de la Malaisie

La Malaisie, une tapisserie tissée de cultures diverses et de paysages à couper le souffle, offre bien plus que de simples hauts lieux touristiques. Aventurez-vous au-delà du familier et découvrez des joyaux cachés qui vous laisseront envoûtés. Ce chapitre dévoile les secrets des Cameron Highlands, un sanctuaire de collines, de plantations de thé luxuriantes et d'une charmante architecture coloniale.

Cameron Highlands Majesty : évadez-vous vers la fraîcheur de l'étreinte

Nichés au milieu des montagnes Titiwangsa à Pahang, les Cameron Highlands offrent une évasion rafraîchissante de la chaleur tropicale de la Malaisie. Imaginez l'air frais des montagnes, des collines émeraude recouvertes de théiers bien entretenus et une ambiance coloniale pittoresque : c'est la magie des Cameron Highlands.

Un havre historique : échos coloniaux et fermes de fraises

Les Cameron Highlands occupent une place unique dans l'histoire de la Malaisie. Développée comme station de montagne par les

Britanniques au début du XXe siècle, des vestiges de ce passé colonial subsistent.

- **Musée des Cameron Highlands :** Plongez dans l'histoire fascinante de la région au musée des Cameron Highlands. Des expositions présentent le développement de la station de montagne, l'introduction de la culture du thé et les diverses cultures autochtones.

- **Strawberry Farms :** Un délice surprenant vous attend : des fraises rouges éclatantes qui fleurissent dans le climat frais. Visitez une ferme de fraises locale, découvrez le processus de culture et offrez-vous un panier de baies fraîchement cueillies ou une délicieuse glace à la fraise.

Conseil de pro : Les Cameron Highlands connaissent une haute saison saisonnière de novembre à février, alors attendez-vous à des foules plus nombreuses et à des prix légèrement plus élevés. Pensez à visiter pendant les saisons intermédiaires (mars-mai et septembre-octobre) pour un temps agréable et moins de monde.

Le paradis des amateurs de thé : découverte des plantations luxuriantes et des secrets de brassage

Les Cameron Highlands sont synonymes de plantations de thé, s'étendant sur le paysage comme un tapis verdoyant. Plongez dans l'univers du thé et découvrez les secrets de cette boisson aromatique.

- **BOH Tea Estate :** Embarquez pour un voyage captivant au BOH Tea Estate, le plus grand producteur de thé noir de Malaisie. Participez à une visite guidée pour en savoir plus sur le processus de fabrication du thé, depuis la cueillette des feuilles jusqu'à l'emballage. Promenez-vous dans les champs de thé méticuleusement entretenus et savourez des vues panoramiques à couper le souffle depuis leurs centres de thé surélevés.

- **Cameron Bharat Tea Estate :** Découvrez le charme d'une petite plantation de thé familiale au Cameron Bharat Tea Estate. Découvrez les méthodes traditionnelles de préparation du thé, dégustez une tasse de thé fraîchement infusé dans un cadre paisible et achetez des thés en feuilles ou des souvenirs uniques.

Conseil de pro : La plupart des plantations de thé proposent des échantillons de thé gratuits lors de leurs visites. N'hésitez pas à poser des questions sur les différentes variétés et techniques de brassage.

Terrain de jeu pour amoureux de la nature : sentiers de randonnée et cascades cachées

Les Cameron Highlands possèdent un écosystème diversifié, offrant des opportunités aux amateurs de plein air.

- **Gunung Brinchang (Mont Brinchang) :** Relevez le défi avec une randonnée jusqu'au Gunung Brinchang , le plus haut sommet des Cameron Highlands. Cette randonnée enrichissante offre une vue imprenable sur le paysage environnant, avec des plantations de thé vallonnées et des vallées verdoyantes qui s'étendent en contrebas.

- **Robinson Falls :** Embarquez pour une aventure rafraîchissante jusqu'aux Robinson Falls, une cascade nichée dans la forêt tropicale. Plongez dans la piscine fraîche au pied des chutes ou profitez d'un pique-nique pittoresque au milieu de la verdure luxuriante.

Conseil de pro : Téléchargez une application de cartographie hors ligne fiable avant de vous lancer dans des randonnées. Portez des chaussures appropriées avec une bonne adhérence sur les terrains accidentés.

Au-delà de l'habituel : dévoiler des joyaux cachés

Les Cameron Highlands offrent bien plus que de simples plantations de thé et une histoire coloniale. Recherchez ces expériences uniques :

- **Honey Bee Farm :** Découvrez le monde fascinant des abeilles domestiques dans une ferme apicole locale. Soyez témoin des pratiques apicoles, observez le processus complexe de production du miel et savourez cette friandise délicieuse et saine.

- **Fermes à papillons :** Plongez-vous dans un kaléidoscope de couleurs dans une ferme à papillons. Des centaines de papillons colorés voltigent parmi des fleurs vibrantes, créant une expérience magique et fantaisiste.

- **Marchés nocturnes :** Découvrez la scène animée du marché nocturne de la ville de Brinchang . Parcourez les stands vendant des produits artisanaux locaux, des produits frais et une gamme de délicieux plats de rue.

Conseil de pro : Pensez à séjourner dans une cabane ou un bungalow confortable niché au milieu des plantations de thé pour une expérience véritablement immersive.

De nombreux hébergements offrent des vues à couper le souffle et une évasion paisible de l'agitation.

Une approche durable : un tourisme responsable dans les Cameron Highlands

Les Cameron Highlands sont confrontés à des défis dus à l'augmentation de l'activité touristique. Voici quelques lignes directrices pour un voyage responsable :

- **Minimisez l'utilisation du plastique :** Apportez une bouteille d'eau réutilisable et évitez les sacs en plastique à usage unique.

- **Soutenez les entreprises locales :** Optez pour des hébergements et des restaurants appartenant à des propriétaires locaux plutôt que pour de grandes chaînes.

- **Respectez l'environnement :** Retenez-vous-en aux sentiers de randonnée désignés et évitez de jeter des déchets. Réduisez la quantité de déchets que vous produisez et les dommages que vous causez à l'écosystème fragile.

- **Cameron Highlands : une aventure culinaire**

- Bien qu'ils ne soient pas connus pour leur cuisine régionale spécifique, les Cameron Highlands offrent un délicieux mélange d'influences malaises, chinoises et indiennes, s'adressant à des palais variés. Voici quelques faits saillants :

- **Délices aux fraises :** Au-delà des baies fraîchement cueillies, offrez-vous une variété de friandises infusées aux fraises comme des confitures, des gelées, des gâteaux et même des glaces.

- **Bateau à vapeur local :** Vivez une expérience culinaire commune avec un bateau à vapeur, une fondue remplie de bouillon savoureux et une variété d'ingrédients frais comme des fruits de mer, des légumes et de la viande. Cuisinez les ingrédients à votre table et profitez d'une expérience culinaire délicieuse et interactive.

- **Highlands Comfort Food :** Combattez l'air frais de la montagne avec des plats copieux comme le Mee Goreng (nouilles frites), Nasi Lemak (riz à la noix de coco avec du poisson frit et sambal), ou un bol de Satay tiède (brochette de viande grillée à souhait).

- **Conseil de pro :** De nombreux restaurants offrent une vue imprenable sur les plantations de thé environnantes, créant ainsi une expérience culinaire mémorable. Pensez à visiter un restaurant au coucher du soleil pour des vues à couper le souffle peintes dans des tons d'orange et de rose.

L'attrait des Cameron Highlands

Les Cameron Highlands offrent une escapade unique et rafraîchissante en Malaisie. Échappez à la chaleur, respirez l'air pur de la montagne et plongez-vous dans un monde de collines, de plantations de thé luxuriantes et de charme colonial. Que vous soyez un passionné d'histoire, un passionné de la nature ou simplement à la recherche d'une retraite paisible, les Cameron Highlands ont quelque chose à offrir à tout le monde. Alors faites vos valises, enfilez vos chaussures de randonnée et préparez-vous à être captivé par la magie de ce joyau caché en Malaisie.

Melaka à Malacca : le paradis d'un voyageur temporel

Melaka, souvent orthographiée Malacca (Melaka en malais), n'est pas une ville malaisienne typique. C'est un musée vivant, un lieu où les murmures de l'histoire effleurent votre peau lorsque vous déambulez dans les rues pavées bordées de bâtiments patrimoniaux vibrants. Les forts portugais, l'architecture hollandaise et les vestiges du Raj britannique se mêlent aux vibrantes influences chinoises et malaises, créant une tapisserie culturelle unique.

Un voyage dans le temps : dévoiler le passé colonial de Melaka

C'est dans le centre historique de Melaka, classé au patrimoine mondial de l'UNESCO, que la magie opère. Plongeons dans les vestiges captivants de son passé colonial :

- **A Famosa (Le Célèbre) :** Remontez le temps à A Famosa, la "Célèbre Forteresse". Cette imposante structure de construction portugaise, autrefois un formidable système de défense, est aujourd'hui partiellement en ruine, témoignage du passé turbulent de la ville. Montez la Porta de Santiago (Porte Saint-Jacques) pour une vue panoramique sur la ville et le détroit de Melaka.

- **Église Saint-Paul :** Montez une petite colline pour atteindre les ruines de l'église Saint-Paul, un rappel poignant des efforts missionnaires portugais en Asie du Sud-Est. L'imposante façade et les murs en ruine murmurent des histoires d'époques révolues. Grimpez sur la colline Saint-Paul située à proximité pour profiter d'une vue imprenable sur la ville.

- **Place des Pays-Bas (Stadthuys) :** Cette charmante place rouge, bordée de bâtiments coloniaux hollandais, abritait autrefois le siège de l'administration néerlandaise. Aujourd'hui, elle regorge d'activités, avec des cafés, des restaurants et des boutiques de souvenirs qui débordent dans les rues pavées. L'imposant bâtiment rouge Stadthuys , aujourd'hui musée d'histoire et de culture de Melaka, présente des expositions fascinantes sur l'histoire de la ville.

Conseil de pro : Achetez le Melaka Pass pour bénéficier d'une entrée à prix réduit à de nombreuses attractions historiques, notamment A Famosa , la colline Saint-Paul et le Stadthuys..

Un mélange de cultures : influences chinoises et malaises

La riche tapisserie de Melaka s'étend au-delà de son passé colonial. Explorez des influences culturelles dynamiques :

- **Jonker Walk & Night Market :** Plongez-vous dans l'énergie vibrante de Jonker Walk, un marché nocturne animé. Les rangées d'étals regorgent d'une gamme alléchante de souvenirs : tissus batik, étains complexes et objets artisanaux locaux. Savourez l'arôme de la délicieuse cuisine de rue : brochettes de satay parfumées, bols de nouilles fumants et desserts malaisiens colorés. Pour une expérience véritablement immersive, visitez Jonker Walk un vendredi ou un samedi soir, lorsque le marché s'anime vraiment.

- **Temple Cheng Hoon Teng :** Entrez dans un havre de sérénité au temple Cheng Hoon Teng, le plus ancien temple chinois en activité en Malaisie. Datant du XVIIe siècle, l'architecture richement ornée, les sculptures complexes et les peintures murales colorées représentent des scènes de la mythologie chinoise. Allumez un bâton d'encens et imprégnez-vous de l'atmosphère paisible.

- **Temple Sri Poyatha Vinayagar Moorthy :** Témoin de la culture hindoue dynamique au temple Sri Poyatha Vinayagar Moorthy, également connu sous le nom de Temple Rouge Temple. Ce temple richement décoré, dédié au Seigneur Ganesha, est le plus ancien temple hindou de Melaka. Émerveillez-vous devant les statues colorées et les sculptures complexes qui ornent sa façade.

Conseil de pro : Respectez les coutumes locales lorsque vous visitez des sites religieux. Habillez-vous modestement et évitez de prendre des photos avec un flash si des fidèles sont présents.

Au-delà des murs de la ville : dévoiler des joyaux cachés

Melaka offre bien plus que de simples sites historiques et des marchés animés :

- **Musée du patrimoine Baba & Nyonya :** Plongez dans la culture unique Peranakan (Baba & Nyonya) au musée du patrimoine Baba & Nyonya. Explorez les maisons de ville Peranakan méticuleusement restaurées, mettant en valeur leur architecture distinctive, leurs meubles et leurs artefacts reflétant un mélange d'influences chinoises et malaises.

- **Croisière sur la rivière Melaka :** Profitez d'une croisière panoramique le long de la rivière Melaka, offrant une perspective unique sur la ville. Passez devant des monuments historiques tels que A Famosa et le palais du sultanat, et admirez la vie animée au bord de la rivière. Choisissez une croisière en soirée pour une expérience inoubliable.

- **Trishaw Ride :** Embarquez pour un voyage nostalgique à bord d'un trishaw coloré, un vélo-taxi à trois roues orné de décorations originales. Laissez un chauffeur de trishaw local vous emmener dans les charmantes rues de Melaka, offrant une façon amusante et unique d'explorer la ville.

Conseil de pro : Des négociations sont attendues sur les marchés nocturnes et avec les conducteurs de cyclo-pousse indépendants. Commencez par une offre inférieure et négociez poliment pour un prix équitable.

Une aventure culinaire : une fusion de saveurs

La scène culinaire de Melaka est un creuset de cultures, reflétant sa riche histoire. Voici un avant-goût de ce qui vous attend :

- **Cendol :** Rafraîchissez-vous avec un bol rafraîchissant de cendol, un dessert glacé à la glace pilée arrosé de sirop de sucre de palme et garni de nouilles à la gelée parfumées pandan et de lait de coco crémeux.

- **Satay Celup :** Savourez un plat local préféré : le satay celup, des brochettes de viande (poulet, bœuf ou fruits de mer) frites et servies avec une sauce aux arachides pour tremper. Dégustez différentes variétés sur un stand de satay et regardez les vendeurs cuire les brochettes de manière experte sur des flammes de charbon de bois.

- **Cuisine Nonya :** Embarquez pour une aventure culinaire avec la cuisine Nyonya, un mélange unique de saveurs chinoises et malaises. Les plats salés comme asam laksa (soupe épicée de nouilles au poisson) et le poulet kapitan (curry de poulet parfumé) sont des incontournables.

Ne manquez pas les délicats kuih (gâteaux de riz cuits à la vapeur) : une gamme colorée et délicieuse de friandises sucrées et salées.

- **Tartelettes aux œufs portugaises :** Héritage de l'influence portugaise, les tartes aux œufs portugaises sont un favori local. Ces pâtisseries feuilletées fourrées à la crème anglaise sont la friandise parfaite pour terminer votre journée.

- **Conseil de pro :** De nombreux restaurants proposent des sièges à l'extérieur, vous permettant de vous imprégner de l'atmosphère animée tout en savourant votre repas. Pensez à essayer un stand local « nasi campur » (riz mélangé) pour un échantillon abordable et délicieux de divers plats malais.

Le charme durable de Melaka

- Melaka offre un mélange captivant d'histoire, de culture et de cuisine délicieuse. Promenez-vous dans ses charmantes rues, émerveillez-vous devant les vestiges de son passé colonial et plongez-vous dans le mélange dynamique des cultures. Que vous soyez passionné d'histoire, gourmand ou simplement à la recherche d'une expérience de voyage unique, Melaka vous laissera envoûté par son charme intemporel. Alors faites vos valises, adoptez votre sens de l'aventure et préparez-vous à être transporté dans une époque révolue dans cette captivante ville malaisienne.

Niah Caves : un voyage dans les profondeurs de Bornéo

Bornéo, la troisième plus grande île du monde, est un paradis pour les amoureux de la nature. Mais sous ses forêts tropicales luxuriantes se cachent des trésors cachés : les grottes Niah, un réseau de cavernes calcaires possédant une riche histoire archéologique et une beauté naturelle impressionnante. Aventurez-vous dans les profondeurs et découvrez des peintures préhistoriques, des rencontres captivantes avec la faune et un aperçu de la vie des premiers humains.

Une merveille géologique : explorer le système de grottes

Situées à Sarawak, en Malaisie, les grottes Niah s'étendent sur un impressionnant 3 139 hectares du parc national Niah. Des millions d'années d'érosion hydrique ont creusé ce réseau complexe de cavernes, créant un monde labyrinthique à explorer.

- **La Grande Grotte :** Cette caverne colossale est le joyau du système de grottes Niah. Imaginez une entrée béante de 60 mètres de haut et 250 mètres de large – assez grande pour accueillir plusieurs avions ! La lumière du soleil traverse l'ouverture, illuminant une vaste pièce où les premiers établissements humains ont prospéré. Explorez les sites de fouilles archéologiques et soyez témoin des vestiges de leur vie.

- **Grotte peinte (Gua Cina) :** Remontez le temps jusqu'à la grotte peinte, une section plus petite mais archéologiquement significative des grottes Niah.

  Admirez les peintures préhistoriques ornant les murs et les plafonds des grottes : des représentations d'animaux, de figures humaines et des pochoirs à main en hématite rouge vif. Ces peintures offrent un aperçu de la vie et des croyances des premiers humains qui habitaient les grottes il y a des milliers d'années.

- **Autres explorations de grottes :** Le complexe de grottes Niah comprend diverses chambres aux caractéristiques uniques. Explorez West Mouth, qui abrite les plus grands cimetières mésolithiques et néolithiques d'Asie du Sud-Est. Aventurez-vous dans la grotte Sulung, connue pour ses impressionnantes stalactites et stalagmites, ou dans la grotte de Lang, célèbre pour ses colonies de chauves-souris.

Conseil de pro : Les visites guidées sont fortement recommandées. Des guides expérimentés navigueront dans le système de grottes, vous donneront un aperçu de son histoire et de ses formations et assureront votre sécurité. Choisissez des visites avec des spéléologues expérimentés qui privilégient les pratiques responsables d'exploration des grottes.

Un aperçu du passé : à la découverte de merveilles archéologiques

Les grottes Niah sont un refuge pour les archéologues, offrant des informations inestimables sur les habitations humaines en Asie du Sud-Est. Les découvertes importantes comprennent :

- **Le crâne profond :** Déterré en 1958, le crâne profond est un fragment d'un crâne humain dont on pense qu'il a plus de 40 000 ans. Cette découverte a considérablement repoussé la chronologie de la présence humaine en Asie du Sud-Est.

- **L'Homme Niah :** Des fragments d'un autre crâne, surnommé « Niah Homme », ont été découverts en 1966, remontant à environ 35 000 ans. Ces découvertes suggèrent que l'Homo sapiens a habité Bornéo beaucoup plus tôt qu'on ne le pensait auparavant.

- **Outils et artefacts en pierre :** Les fouilles ont mis au jour de nombreux outils en pierre et artefacts fabriqués par l'homme, fournissant des indices sur la vie quotidienne des habitants des grottes. Imaginez des outils utilisés pour la chasse, la cueillette et l'artisanat, offrant un lien tangible avec le passé.

Conseil de pro : Le musée du Sarawak à Kuching abrite une fascinante collection d'objets découverts dans les grottes Niah.

Visiter le musée avant ou après votre exploration de la grotte améliorera votre compréhension de l'importance historique du site.

À la rencontre des habitants des profondeurs : un écosystème diversifié

Les grottes Niah ne sont pas seulement une merveille historique ; ils constituent également un écosystème dynamique et regorgeant de vie. Voici ce que vous pourriez rencontrer :

- **Des millions de chauves-souris :** Préparez-vous à être émerveillé par le grand nombre de chauves-souris qui habitent les grottes Niah. Au crépuscule, assistez à un exode spectaculaire alors que des millions de chauves-souris émergent des grottes à la recherche de nourriture, créant un spectacle fascinant.

- **Swiftlets :** Ces petits oiseaux au vol rapide se nichent dans les recoins sombres des grottes. Leurs nids comestibles, prisés pour leur utilisation dans la soupe aux nids d'oiseaux, constituent une source de revenus lucrative pour les communautés locales. Cependant, des pratiques de récolte responsables sont essentielles pour assurer la durabilité de cette ressource.

- **Autres animaux sauvages :** Gardez les yeux ouverts pour repérer les autres habitants des cavernes, notamment les serpents, les insectes et même les petits mammifères comme les civettes et les chauves-souris. N'oubliez pas d'observer la faune à une distance sécuritaire et d'éviter de perturber son habitat.

Conseil de pro : Portez un pantalon long, des chaussures solides offrant une bonne adhérence et une lampe frontale pour l'exploration des grottes. Soyez prêt à affronter un terrain accidenté et des conditions légèrement humides dans les grottes.

Respecter le passé et préserver l'avenir : tourisme responsable

Les Grottes Niah constituent un précieux site du patrimoine culturel et naturel. Voici quelques conseils pour être un voyageur responsable :

- **Minimisez votre impact :** respectez les sentiers de randonnée désignés et évitez de toucher les formations de grottes. Réduisez la quantité de déchets que vous produisez et votre impact environnemental.

- **Étiquette de la photographie au flash :** Certaines peintures préhistoriques sont sensibles à la lumière. Vérifiez auprès de votre guide les restrictions relatives à la photographie au flash pour vous assurer de ne pas endommager ces œuvres d'art irremplaçables.

- **Soutenez les communautés locales :** optez pour des visites proposées par des guides et des entreprises locales. Cela garantit non seulement votre sécurité et fournit des informations précieuses, mais soutient également le bien-être économique des communautés locales responsables de la préservation des grottes.

L'attrait durable des grottes de Niah

Les grottes Niah offrent une expérience inoubliable, alliant histoire, nature et une touche d'aventure. Explorez les profondeurs de ces magnifiques cavernes, émerveillez-vous devant les œuvres d'art préhistoriques, rencontrez une faune fascinante et appréciez l'ampleur de cette merveille géologique. Les grottes Niah témoignent de la puissance durable de la nature et rappellent notre place dans l'histoire. Alors emballez votre sens de l'aventure, votre soif de connaissances et votre profond respect pour cet écosystème unique, et préparez-vous à être captivé par la magie des grottes Niah .

CHAPITRE 5

Un festin de fusion : enchantez vos papilles gustatives en Malaisie

La Malaisie, une tapisserie vibrante tissée de diverses cultures et ethnies, offre une aventure culinaire pas comme les autres. Embarquez pour un voyage gastronomique et ravissez vos papilles avec une symphonie de saveurs influencées par les traditions malaises, chinoises, indiennes et autochtones. Des currys parfumés à la noix de coco aux délicates boulettes de dim sum, la cuisine malaisienne est un creuset d'épices, d'ingrédients frais et de techniques de cuisson vieilles de plusieurs générations.

Dévoilement des piliers de la cuisine malaisienne

La cuisine malaisienne repose sur trois piliers : malais, chinois et indien. Ces influences fondamentales se sont entrelacées au fil des siècles, créant des variations régionales uniques et un paysage culinaire véritablement diversifié.

- **Cuisine malaise :** Le cœur et l'âme de la cuisine malaisienne résident dans ses influences malaises. Attendez-vous à des saveurs audacieuses, des épices aromatiques comme le curcuma et la citronnelle et une utilisation généreuse de lait de coco. Les plats malais populaires comprennent :

- **Nasi Lemak (riz à la noix de coco et anchois frits)** : Le plat national de la Malaisie, Nasi Lemak est un plat parfumé de riz à la noix de coco servi avec des anchois frits, des cacahuètes, du concombre et un sambal épicé (pâte de chili). C'est un petit-déjeuner malaisien par excellence, mais il se déguste tout au long de la journée.

- **Satay :** Brochettes de viande (poulet, bœuf ou fruits de mer) marinées dans un mélange d'épices et grillées à la perfection. Le satay est généralement servi avec une sauce aux arachides et des tranches de concombre en trempette.

- **Rendang :** Un plat de curry mijoté composé de viande (généralement du bœuf ou du poulet) mijotée dans un riche lait de coco et une sauce aux épices. Le long processus de cuisson crée une viande tendre aux saveurs complexes.

Cuisine chinoise : Les immigrants chinois ont apporté leurs traditions culinaires en Malaisie, introduisant une variété de plats et de techniques de cuisson. Les nouilles, les sautés et les dumplings jouent un rôle important dans la cuisine malaisienne d'influence chinoise. Les plats incontournables comprennent :

- **Dim Sum :** Une sélection de petites boulettes cuites à la vapeur ou frites, remplies d'ingrédients salés comme du porc, des crevettes et des légumes. Les dim sum sont une tradition populaire du brunch, souvent dégustée avec du thé.

- **Char Kway Teow :** Ce savoureux plat de nouilles sautées comprend des nouilles de riz plates cuites avec de la viande, des fruits de mer, des légumes et une sauce soja noire sauce . Le plat est connu pour sa saveur fumée « wok hei » conférée par une cuisson à haute température.

- **Wonton Mee :** Nouilles aux œufs servies dans un bouillon savoureux avec des wontons (raviolis farcis de porc haché), des légumes et de l'omble chevalier siu (叉烧 – porc rouge rôti).

- **Cuisine indienne :** Les influences indiennes ajoutent une touche d'épices et des saveurs uniques à la cuisine malaisienne. Attendez-vous à des currys avec des mélanges d'épices complexes, des pains plats parfumés comme le roti canai et des plats de lentilles comme le dhal. Les plats populaires d'inspiration indienne comprennent :

  - **Roti Canai :** Un pain plat croustillant à base de farine de blé et plié en couches feuilletées. Le roti canai est généralement servi avec divers currys en trempette, comme le dhal (curry de lentilles) ou le curry de poisson.

- **Riz à la feuille de bananier :** Un repas traditionnel du sud de l'Inde servi sur une feuille de bananier. Ce festin comprend généralement du riz, une variété de currys, des légumes et du papadum (gaufrettes croustillantes aux lentilles).

- **Murtabak :** Un pain plat farci rempli de garnitures salées comme de la viande hachée, des légumes ou des œufs. Murtabak est frit jusqu'à ce qu'il soit doré et servi avec une sauce au curry pour tremper.

Au-delà des piliers : les délices régionaux

La Malaisie possède un paysage culinaire diversifié avec des spécialités régionales à découvrir. Voici un aperçu de quelques favoris régionaux :

- **Penang :** Cet État insulaire est connu pour ses centres de vente ambulants et ses aires de restauration animées proposant une vaste gamme d'options de restauration de rue. Essayez le char koay teow (nouilles plates sautées), Penang asam laksa (soupe de nouilles au poisson aigre et épicée) ou rojak (salade de fruits et légumes avec une sauce aux cacahuètes).

- **Nyonya :** Unique à Malacca, la cuisine Nyonya est une fusion de saveurs chinoises et malaises. Les plats populaires incluent le ayam pongteh (poulet mijoté dans une sauce aigre-douce), le otak-otak (galettes de poisson cuites à la vapeur dans des feuilles de bananier) et le cendol (dessert glacé pilé avec sirop de sucre de palme, pandan nouilles à la gelée et lait de coco).

- **Sabah et Sarawak :** la scène culinaire de Bornéo présente des fruits de mer frais, des ingrédients indigènes et des influences de l'Indonésie et des Philippines voisines.

Essayez d'avoir (salade de poisson cru mariné dans des jus d'agrumes), laksa Sarawak (soupe de nouilles épicée avec un riche bouillon de lait de coco), ou kolo mee (nouilles fines aux œufs servies avec de la viande hachée et une sauce savoureuse).

Un guide de l'étiquette malaisienne à manger

Voici quelques conseils pour garantir une expérience culinaire fluide et respectueuse en Malaisie :

- **Règle de la main droite :** Mangez avec votre main droite. La main gauche est traditionnellement utilisée à des fins de nettoyage.

- **Partager, c'est prendre soin :** De nombreux plats malaisiens sont destinés à être partagés. Ne soyez pas surpris si de grandes assiettes sont placées au centre de la table pour le plaisir de tous.

- **Ustensiles :** Les Malais utilisent généralement une cuillère et une fourchette pour la plupart des plats. Pour certains plats de nouilles, des baguettes peuvent être fournies. En cas de doute, observez ceux qui vous entourent et emboîtez le pas.

- **Commande et paiement :** Dans des environnements informels comme les centres de vente ambulante, vous pouvez commander directement au stand. Dans les restaurants, un serveur prendra votre commande. L'addition arrive généralement à la fin du repas, et vous pouvez la régler à la caisse ou à table selon les établissements.

- **Pourboire :** Le pourboire n'est pas habituel en Malaisie. Cependant, si vous avez reçu un service exceptionnel, un petit pourboire est apprécié mais pas attendu.

- **Restrictions alimentaires :** Les végétariens peuvent trouver des options limitées, mais des plats de riz et de légumes sont toujours disponibles. Les végétaliens pourraient être confrontés à plus de défis, il est donc préférable de rechercher au préalable les restaurants proposant des options végétaliennes.

- **Respect des coutumes :** Pendant le Ramadan, le mois sacré musulman, la plupart des restaurants seront fermés pendant la journée et il est considéré comme irrespectueux de manger en public.

Dévoilement des joyaux culinaires de la Malaisie : les centres Hawker

Une expérience culinaire malaisienne par excellence vous attend dans les centres de vente ambulante – des aires de restauration animées offrant une vaste gamme d'options de restauration de rue. Imaginez des rangées et des rangées d'étals débordant de plats parfumés, chaque stand étant spécialisé dans une cuisine particulière. Les centres Hawker constituent une scène sociale dynamique, un creuset de cultures où les habitants et les visiteurs se rassemblent pour savourer des repas délicieux et abordables.

- **Navigation dans le Hawker Center :** Explorez les étals et laissez-vous guider par les arômes alléchants. N'hésitez pas à poser des questions sur les ingrédients ou les niveaux d'épices. La plupart des vendeurs se feront un plaisir de répondre à vos questions.

- **Commande et paiement :** Chaque stand affiche généralement des photos ou des descriptions de ses offres. Commandez directement auprès du vendeur et payez dès réception de votre nourriture.

- **Places assises :** Les centres Hawker disposent généralement de sièges communs. Prenez place à une table vide ou rejoignez un groupe pour améliorer l'expérience sociale.

- **Embrassez l'aventure :** Les centres Hawker offrent la possibilité d'essayer des plats inconnus et de sortir de votre zone de confort. Soyez aventureux et goûtez à une variété d'offres pour vraiment apprécier l'étendue de la cuisine malaisienne.

Un voyage culinaire de découverte

La cuisine malaisienne est une tapisserie vibrante de saveurs, témoignage du riche héritage culturel du pays. Aventurez-vous au-delà du familier et lancez-vous dans une aventure culinaire pour éveiller vos papilles. Des currys parfumés aux raviolis délicats, des centres de vente ambulants animés aux restaurants élégants, la Malaisie offre un régal pour les sens. Alors, desserrez votre ceinture, embrassez la diversité et préparez-vous à être captivé par la magie de la cuisine malaisienne.

Hawker Haven : une aventure culinaire au cœur de la Malaisie
Oubliez les restaurants étoilés Michelin et les nappes immaculées. En Malaisie, le cœur battant de la culture culinaire réside dans le monde vibrant, chaotique et absolument captivant des centres de vente ambulante.

Ces aires de restauration en plein air constituent une surcharge sensorielle de la meilleure façon possible, offrant une explosion de saveurs et d'arômes provenant d'innombrables stands, chacun étant un microcosme culinaire mettant en valeur la diversité de la cuisine malaisienne.

Un régal pour les sens : les centres Hawker prennent vie

Imaginez des rangées et des rangées d'étals bien éclairés, de la vapeur s'élevant des casseroles bouillonnantes et des woks grésillants, remplissant l'air d'une symphonie enivrante d'épices. Le tintement rythmé des ustensiles en métal et les plaisanteries amicales des vendeurs se mélangent aux bavardages excités des convives savourant leurs repas. C'est l'élément vital d'un centre de vente ambulant malaisien.

Un kaléidoscope culinaire : un voyage à travers les saveurs

La cuisine malaisienne est une fusion fascinante d'influences malaises, chinoises, indiennes et indigènes. Les centres Hawker offrent la possibilité de se lancer dans une aventure culinaire, en dégustant des plats de chaque coin du spectre des saveurs.

- **Aliments de base malais :** Savourez le rendang parfumé, un curry mijoté avec de la viande succulente mijotée dans un riche lait de coco et une sauce aux épices. Mordez dans le Nasi Lemak , le plat national : du riz parfumé à la noix de coco servi avec des anchois frits, des cacahuètes, du concombre et un sambal épicé.

Ne manquez pas le satay, brochettes de viande (poulet, bœuf ou fruits de mer) marinées dans un mélange d'épices et grillées à la perfection, généralement servies avec une sauce aux arachides.

- Délices chinois : amateurs de dim sum, réjouissez-vous ! Les centres Hawker sont des paradis pour cette délicieuse sélection de petites boulettes cuites à la vapeur ou frites remplies d'ingrédients savoureux comme du porc, des crevettes et des légumes. Goûtez au Char Kway Teow, un plat de nouilles sautées fumées composé de nouilles de riz plates cuites avec de la viande, des fruits de mer, des légumes et une sauce soja noire.

- **Influences indiennes :** Pour un avant-goût de l'Inde, essayez le Roti Canai, un pain plat croustillant à base de farine de blé et plié en couches feuilletées. Il est généralement servi avec des currys comme le dhal (curry de lentilles) ou du curry de poisson en trempette. Les végétariens trouveront du réconfort dans les currys végétariens et les plats de lentilles comme le dhal.

- **Spécialités régionales :** Les centres Hawker présentent également des spécialités régionales.

A Penang, savourez les délices du Char Koay Teow (nouilles plates sautées) ou du Penang asam laksa (soupe de nouilles au poisson aigre et épicée). Malacca propose une cuisine Nyonya, une fusion de saveurs chinoises et malaises, avec des plats comme le ayam pongteh (poulet mijoté dans une sauce aigre-douce) et le otak-otak (galettes de poisson cuites à la vapeur dans des feuilles de bananier).

Au-delà de la nourriture : l'expérience du Hawker Center

Les centres Hawker sont bien plus que de simples endroits où manger ; ils constituent un centre social, un microcosme de la vie malaisienne. Les familles se réunissent pour les repas du week-end, les amis se retrouvent autour d'assiettes de nouilles fumantes et les accords commerciaux sont conclus autour de tasses fumantes de teh tarik (thé au lait effiloché).

Naviguer dans Hawker Haven :

Pour les visiteurs novices, les centres de vente ambulante peuvent sembler écrasants. Voici un guide pour naviguer dans cette scène dynamique :

- **Explorez et engagez-vous :** N'ayez pas peur de vous promener et de tout comprendre. Laissez-vous guider par les arômes alléchants. La plupart des stands affichent des photos ou des descriptions de leurs offres.

- **Embrassez l'aventure :** Soyez aventureux ! Les centres Hawker sont l'occasion idéale d'essayer des plats inconnus et d'élargir vos horizons culinaires.

- **Partager, c'est prendre soin :** De nombreux plats malaisiens sont destinés à être partagés. Ne soyez pas surpris si de grandes assiettes sont apportées à table.

- **L'essentiel de l'étiquette :** N'oubliez pas de manger avec votre main droite. Dans un cadre décontracté, commandez directement sur le stand. Payez dès réception de votre nourriture. Le pourboire n'est pas habituel.

- **Manger avec un budget limité :** les centres Hawker proposent des plats délicieux et abordables, ce qui en fait le rêve des voyageurs à petit budget.

Conseil de pro : Téléchargez une application de traduction pour faciliter la communication ou demandez des recommandations aux habitants sympathiques.

Une aventure culinaire vous attend

Les centres Hawker offrent une expérience malaisienne unique et authentique. Vous serez témoin de traditions culinaires transmises de génération en génération, ferez l'expérience de la chaleur de l'hospitalité malaisienne et découvrirez un monde de saveurs qui raviront vos papilles. Alors, rassurez-vous, profitez de l'atmosphère vibrante et plongez tête première au cœur de la culture culinaire malaisienne dans un centre de vente ambulante. C'est une aventure que vous n'oublierez pas !

Cours de cuisine Capers : maîtriser l'art de la cuisine malaisienne

La scène culinaire dynamique de la Malaisie ne consiste pas seulement à faire plaisir à vos papilles gustatives ; c'est un voyage au cœur de ses diverses cultures. Imaginez-vous apprendre les secrets de plats emblématiques comme les currys parfumés, les raviolis délicats et les sautés savoureux. Ce chapitre plonge dans le monde des cours de cuisine malaisiens, vous permettant de recréer ces chefs-d'œuvre culinaires chez vous.

Dévoiler les saveurs : choisir la bonne classe

Avec une abondance de cours de cuisine proposés dans toute la Malaisie, choisir le bon dépend de vos intérêts et de votre niveau de compétence. Voici comment trouver la personne idéale pour vous :

- **Améliorez vos compétences :** Choisissez parmi des cours adaptés aux débutants qui présentent des techniques fondamentales et des ingrédients essentiels. Ces cours sont parfaits pour les cuisiniers débutants qui souhaitent apprendre les bases.

- **Approfondissez vos connaissances :** Pour les cuisiniers chevronnés ou ceux qui recherchent une expérience plus approfondie, envisagez des cours intermédiaires ou avancés. Ces cours approfondissent les spécialités régionales et les méthodes de cuisine traditionnelles, poussant ainsi votre répertoire culinaire plus loin.

- **Expériences sur mesure :** Recherchez des cours de cuisine spécialisés dans des cuisines spécifiques comme la cuisine malaise, chinoise, Nyonya, ou même des spécialités régionales comme la cuisine de Penang. Cela vous permet de vous concentrer sur vos saveurs préférées.

- **Visites de marché et apprentissage pratique :** optez pour des cours qui incluent une visite d'un marché local. Ici, vous apprendrez à vous procurer des ingrédients frais et serez témoin de l'atmosphère vibrante d'où proviennent ces trésors culinaires.

- **Cours en groupe ou privés :** Déterminez si vous préférez un cadre de groupe où vous pourrez partager l'expérience avec d'autres passionnés de cuisine ou un cours privé pour une approche plus personnalisée et adaptée.

Ingrédients essentiels pour réussir : à quoi s'attendre

La plupart des cours de cuisine malaisienne offrent une expérience complète et engageante. Voici ce à quoi vous pouvez généralement vous attendre :

- **Accueil chaleureux et présentations :** Faites connaissance avec vos camarades de classe et l'instructeur, qui vous guidera tout au long du voyage culinaire.

- **Visite du marché (facultatif) :** Plongez-vous dans les sites animés et les odeurs vibrantes d'un marché local. Découvrez les ingrédients essentiels, leurs origines et comment choisir les produits les plus frais.

- **Démonstration et explication :** Regardez votre instructeur démontrer des techniques de cuisine, expliquer les recettes étape par étape et répondre à toutes vos questions.

- **Cuisine pratique :** C'est ici que la magie opère ! Vous recevrez tous les ingrédients et le matériel nécessaires pour recréer vous-même les plats sous l'œil vigilant du moniteur.

- **Savourer votre création :** Une fois vos chefs-d'œuvre culinaires terminés, rassemblez-vous autour de la table et savourez les fruits de votre travail. Partager vos créations avec vos camarades de classe et l'instructeur favorise une délicieuse expérience commune.

- **Recettes et plats à emporter :** Quittez la classe avec un livret de recettes ou des notes détaillées pour recréer ces plats à la maison, vous permettant ainsi d'impressionner vos amis et votre famille avec vos nouvelles compétences.

Dévoilement des trésors culinaires : des plats incontournables

La Malaisie possède une cuisine diversifiée avec des produits de base emblématiques. Voici quelques plats incontournables que vous pourriez rencontrer lors d'un cours de cuisine malaisienne :

- **Nasi Lemak (riz à la noix de coco et anchois frits) :** Le plat national de la Malaisie, Nasi Lemak est un plat de riz parfumé à la noix de coco servi avec des anchois frits, des cacahuètes et du concombre. , et un sambal épicé (pâte de chili). Apprenez l'art du riz à la noix de coco moelleux parfaitement cuit et le secret d'un sambal savoureux.

- **Satay :** Brochettes de viande (poulet, bœuf ou fruits de mer) marinées dans un mélange d'épices et grillées à la perfection. Maîtrisez l'art de créer une marinade parfumée et les techniques de grillade pour une expérience satay juteuse et savoureuse.

- **Rendang :** Un plat de curry mijoté composé de viande (généralement du bœuf ou du poulet) mijotée dans un riche lait de coco et une sauce aux épices.

Apprenez les secrets de la sélection des bonnes épices, de l'équilibre parfait des saveurs et de la création de la texture fondante du rendang.

- **Dim Sum :** Une sélection de petites boulettes cuites à la vapeur ou frites remplies d'ingrédients salés comme du porc, des crevettes et des légumes. Découvrez l'art de confectionner de délicats emballages de raviolis et explorez une variété de garnitures pour créer un assortiment délicieux.

- **Char Kway Teow :** Ce savoureux plat de nouilles sautées comprend des nouilles de riz plates cuites avec de la viande, des fruits de mer, des légumes et une sauce soja noire sauce . Apprenez à maîtriser l'art du « wok hei » – la saveur fumée conférée par la cuisson à haute température dans un wok.

Un souvenir culinaire : ramener la Malaisie à la maison

Votre cours de cuisine malaisienne vous dotera des connaissances et des compétences nécessaires pour recréer ces délicieux plats à la maison. Voici comment faire durer vos aventures culinaires malaisiennes :

- **Livre de recettes et notes :** Chérissez votre livret de recettes ou vos notes détaillées comme rappel de votre expérience de cours de cuisine et comme guide pour vos projets culinaires futurs.

- **Pimentez votre garde-manger :** Visitez un marché local ou une épicerie asiatique pour faire le plein d'épices malaisiennes essentielles comme le curcuma, la citronnelle, le galanga, les piments et la pâte de crevettes. Avoir ces ingrédients à portée de main vous incitera à recréer vos plats préférés.

- **Recréez l'expérience :** Rassemblez vos amis et votre famille pour un dîner sur le thème de la Malaisie. Préparez les plats que vous avez appris lors de votre cours de cuisine et recréez l'atmosphère vibrante d'un festin malaisien.

- **Au-delà des recettes :** Utilisez vos nouvelles connaissances comme élément de base pour explorer davantage la cuisine malaisienne. Expérimentez avec différents ingrédients, remplacez-en certains en fonction de la disponibilité et personnalisez les recettes à votre goût.

- **Partagez vos connaissances :** enseignez à vos amis et à votre famille ce que vous avez appris lors de votre cours de cuisine. Partager vos compétences et votre enthousiasme pour la cuisine malaisienne peut susciter chez d'autres l'amour de cette tradition culinaire dynamique.

Une aventure culinaire au-delà de la salle de classe

Suivre un cours de cuisine malaisienne, c'est bien plus qu'apprendre des recettes ; c'est une expérience culturelle immersive. Vous apprécierez davantage les ingrédients, les techniques de cuisson et les traditions qui façonnent la cuisine malaisienne.

CHAPITRE 6

Établir un budget pour le bonheur : votre guide de voyage essentiel

Voyager ouvre les portes de nouvelles cultures, de paysages à couper le souffle et de souvenirs inoubliables. Mais gérer les aspects financiers d'un voyage peut être intimidant. N'ayez crainte, voyageur intrépide ! Ce chapitre vous fournit les connaissances et les outils nécessaires pour devenir un pro de la budgétisation des voyages. Nous examinerons les coûts moyens, explorerons des astuces pour économiser de l'argent et vous guiderons vers des expériences abordables, garantissant que votre aventure soit remplie de bonheur et non de stress financier.

Comprendre votre style de voyage : routard à petit budget ou chercheur de confort

Les styles de voyage sont aussi variés que les destinations elles-mêmes. Connaître le vôtre est essentiel pour élaborer un budget réaliste. Voici une répartition de deux styles de voyage courants :

- **Le routard à petit budget :** Embrasse l'aventure avec un budget restreint. Donne la priorité aux expériences plutôt qu'au luxe, en recherchant des hébergements abordables comme des auberges, en utilisant les transports en commun et en se livrant à la cuisine de rue. Ouvert aux aventures hors des sentiers battus et aux activités gratuites.

- **Le chercheur de confort :** Valorise le confort et la commodité lors de l'exploration. Opte pour des hôtels ou des maisons d'hôtes de milieu de gamme, bénéficie d'options de transport confortables et profite d'un mélange de cuisine de rue et de restaurants. Intéressé par les visites et activités organisées, mais recherche des offres et des réductions.

La répartition des coûts : un aperçu des dépenses moyennes

Voici une répartition des coûts de voyage moyens (basés sur la Malaisie) pour vous aider à comprendre à quoi vous attendre :

- **Hébergement :** Routards à petit budget : auberges de jeunesse (10 $ à 20 $ par nuit), hôtels économiques (30 $ à 50 $ par nuit). Chercheurs de confort : hôtels milieu de gamme (50 $ à 100 $ par nuit), hôtels de charme (100 $ et plus par nuit).

- **Transport :** Routards à petit budget : bus publics, trains et visites à pied. En quête de confort : Taxis, services de covoiturage et vols internes occasionnels.

- **Nourriture :** Routards à petit budget : cuisine de rue (2 $ à 5 $ par repas), marchés locaux pour cuisiner.

Chercheurs de confort : mélange de cuisine de rue et de restauration au restaurant (5 $ à 15 $ par repas).

- **Activités :** Routards à petit budget : visites à pied gratuites, visite des marchés locaux, exploration des parcs publics. Chercheurs de confort : visites organisées, frais d'entrée aux attractions et expériences culturelles.

Astuces pour économiser de l'argent pour le voyageur avisé

Augmentez davantage votre budget de voyage grâce à ces conseils astucieux pour réduire les coûts :

- **Voyager pendant les saisons intermédiaires :** Évitez la haute saison touristique et optez pour les saisons intermédiaires (les périodes entre la haute saison et la basse saison) pour obtenir de meilleures offres sur les vols et l'hébergement.

- **Adoptez les transports publics :** Les bus, trains et métros publics constituent souvent le moyen de transport le plus abordable. Achetez des cartes de voyage ou des laissez-passer pour des séjours plus longs afin d'économiser sur les billets individuels.

- **Devenez un connaisseur de la cuisine de rue :** La cuisine de rue malaisienne n'est pas seulement délicieuse, elle est incroyablement abordable.

Explorez les marchés locaux et essayez une variété de plats – vos papilles et votre portefeuille vous remercieront.

- **Envisagez un hébergement alternatif :** Les auberges ou les maisons d'hôtes proposent des options économiques avec une atmosphère sociale. Envisagez les familles d'accueil pour une expérience locale.

- **Utiliser des activités gratuites :** De nombreuses villes proposent des visites à pied gratuites, des événements culturels et des musées avec des journées d'entrée gratuites. Faites des recherches à l'avance pour découvrir des joyaux cachés.

- **Préparez vos repas :** Pour les séjours plus longs, envisagez de séjourner dans un hébergement doté d'une cuisine. Faites vos courses sur les marchés locaux pour des repas économiques.

- **Recherchez des réductions et des offres :** Les sites Web et les applications de voyage proposent souvent des offres sur les vols, les hôtels et les activités. Des réductions pour étudiants et seniors sont également disponibles dans de nombreuses attractions.

- **Voyager avec un ami :** Partager l'hébergement, le transport et certaines activités peut réduire considérablement les coûts. De plus, cela améliore l'expérience avec des aventures partagées.

- **Troquer et négocier :** Dans certains endroits, notamment sur les marchés, des négociations sont attendues. Recherchez au préalable les prix moyens et négociez poliment pour obtenir une offre équitable.

Dévoilement d'expériences abordables : joyaux cachés et divertissement gratuit

Voyager ne doit pas forcément vous ruiner. La Malaisie offre une multitude d'expériences abordables qui vous enrichiront. Voici quelques idées :

- **Explorez les marchés locaux :** Plongez-vous dans les images et les odeurs vibrantes des marchés locaux. Dégustez des fruits exotiques, découvrez l'artisanat local et découvrez le cœur de la culture malaisienne, le tout à un prix abordable.

- **Visitez les temples et les mosquées :** De nombreux temples et mosquées offrent une entrée gratuite, vous permettant d'être témoin d'une architecture époustouflante, de détails complexes et d'un sentiment de sérénité. Une tenue respectueuse est essentielle.

- **Randonnée à travers des paysages époustouflants :** La Malaisie possède des parcs nationaux à couper le souffle avec des sentiers de randonnée gratuits. Enfilez vos bottes, explorez des forêts tropicales luxuriantes et admirez des cascades en cascade – le tout pour le prix d'une bonne paire de chaussures et d'un sens de l'aventure.

- **Détendez-vous sur des plages immaculées :** La Malaisie possède de superbes plages. Sunbat ...baignez-vous, nagez dans des eaux cristallines ou construisez des châteaux de sable, le tout gratuitement. Préparez un pique-nique et profitez d'une journée de détente au bord de la mer.

- **Assistez à un spectacle culturel gratuit :** De nombreuses villes et villages organisent des spectacles culturels gratuits, comprenant des danses, de la musique et des pièces de théâtre traditionnelles. Plongez-vous dans la scène artistique locale et découvrez la tapisserie vibrante de la culture malaisienne.

- **Offrez de votre temps :** Faire du bénévolat dans une ONG locale ou dans un refuge pour animaux offre une expérience enrichissante tout en contribuant à la communauté. L'hébergement et les repas sont parfois fournis, ce qui vous permet d'économiser de l'argent tout en ayant un impact positif.

- **Apprenez une nouvelle compétence :** Suivez un cours de cuisine gratuit ou abordable et apprenez à préparer de délicieux plats malaisiens. Cette compétence enrichira votre répertoire culinaire et vous permettra de recréer ces saveurs chez vous.

- **Assister à des festivals locaux :** La Malaisie est une terre de festivals dynamiques tout au long de l'année. Certains sont gratuits, vous permettant d'assister à des défilés colorés, des spectacles traditionnels et à l'esprit festif du pays.

- **Observez les passants dans un café local :** Prenez une tasse de café ou de thé local dans un café local et observez simplement le monde qui vous entoure. C'est une manière délicieuse de découvrir la vie quotidienne des Malaisiens et de s'imprégner de l'atmosphère.

- **Journées des musées gratuites :** Certains musées proposent des journées d'entrée gratuites ou des tarifs réduits. Faites des recherches à l'avance pour découvrir ces joyaux cachés et plongez dans la riche histoire et la culture de la Malaisie.

Voyagez intelligemment, voyagez à moindre coût

Adoptez une approche intelligente et abordable du voyage, et la Malaisie dévoilera ses trésors cachés sans vous ruiner. En comprenant votre style de voyage, en utilisant des astuces pour économiser de l'argent et en explorant une variété d'expériences abordables, vous pouvez vous lancer dans une aventure mémorable et économique.

Alors, faites vos valises, libérez l'explorateur qui sommeille en vous et préparez-vous à découvrir la magie de la Malaisie !

Phrases de base en bahasa malaisien : combler le fossé avec le sourire

Embarquer pour un voyage en Malaisie ouvre les portes d'une culture dynamique, de paysages à couper le souffle et d'une cuisine délicieuse. Mais aller plus loin en apprenant quelques phrases de base en bahasa malais peut véritablement transformer votre expérience. Imaginez-vous naviguer dans un marché animé et pouvoir demander votre chemin ou négocier un souvenir en toute confiance. Imaginez les sourires chaleureux que vous recevrez lorsque vous saluerez les habitants dans leur langue maternelle. Ce chapitre vous fournit des phrases essentielles en bahasa malaisien pour améliorer votre communication et créer des liens durables avec le peuple malaisien.

Dévoilement des bases de la prononciation : un guide des sons

Avant de plonger dans les phrases, abordons la prononciation. Le bahasa malaisien utilise un alphabet phonétique, de sorte que les mots sont généralement prononcés tels qu'ils sont orthographiés. Voici un guide rapide de quelques sons clés :

- **Voyelles :** a (ah), e (eh), i (ee), u (oo),
- **Consonnes :** c (prononcé comme ch dans "church"), g (prononcé comme g dans "go"), h (silencieux), j (prononcé comme j dans "jump").

Conseil : Écoutez les guides de prononciation en ligne ou entraînez-vous avec un local pour affiner votre accent et améliorer votre communication.

Salutations et présentations : poser les bases

Les premières impressions comptent et un accueil amical en bahasa malaisien est très utile. Voici quelques phrases essentielles pour lancer vos conversations :

- **Selamat pagi** (sah-lah-mat pah-gi): Bonjour
- **Selamat siang** (sah-lah-mat see-ang): Bon après-midi
- **Selamat malam** (sah-lah-mat mah-lam): Bonsoir
- **Terima kasih** (tee-rah-kah-sih) : Merci
- **Sama-sama** (sah-mah-sah-mah) : De rien (littéralement "ensemble-ensemble")
- **Apa khabar ?** (ah-pa kah-bar): Comment vas-tu ? (informel)

- **Saya sihat (sah -yah see-hat) :** Je vais bien. (informel)
- **Nama saya (nah- mah sah -yah) :** Je m'appelle...

Astuce : Lorsque vous saluez une personne plus âgée ou dans un cadre formel, ajoutez « Encik » (en-cik) pour les hommes ou « Cik » (chik) pour les femmes avant leur nom.

Questions et demandes essentielles : se déplacer en toute confiance

Naviguer dans un nouvel endroit est plus facile avec quelques phrases clés à votre disposition. Voici quelques questions et demandes utiles :

- **Bolehkah tolong saya ? (boh-leh-kah toh -long sah -yah) :** Pouvez-vous m'aider ?
- **Le mana...? (dee mah -nah...) :** Où est... ?
- **Berapa harganya ? (beh -rah hah- rgah -nah) :** Combien ça coûte ?
- **Saya tidak faham (sah -yah tee- dak fah-ham) :** Je ne comprends pas.

- **Bolehkah anda ulangi , silakan ?** (boh-leh-kah an-da oo-lang-ee , voir- lah - kan) : Pouvez-vous répéter ça, s'il te plaît?
- **Bolehkan saya ...?"** (boh-leh-kah sah -yah...) : Puis-je... ?

Astuce : Apprenez les nombres de base (satu - un, dua - deux, tiga - trois) pour améliorer vos compétences en matière de négociation sur les marchés.

La politesse paie : phrases de courtoisie essentielles

Les bonnes manières comptent partout et le Bahasa Malaysia met fortement l'accent sur la politesse. Ces phrases démontreront votre respect et votre appréciation :

- **Terima kasih banyak** (tee-rah- kah - sih bah- nyak) : Merci beaucoup.
- **Silakan** (voir- lah - kan) : S'il vous plaît (utilisé pour offrir quelque chose ou inviter quelqu'un)
- **Maaf** (mah-af): Excusez-moi
- **Tidak apa-apa** (tee- dak ah-pa-ah-pa) : C'est bon (ne t'inquiète pas)

Astuce : Un léger salut ou un léger signe de tête en disant " Terima kasih " ajoute une touche de courtoisie supplémentaire.

Au-delà des bases : phrases utiles pour la vie de tous les jours

Aventurez-vous au-delà des salutations pour améliorer vos interactions quotidiennes. Voici quelques phrases utiles supplémentaires :

- **Sedap (seh -dap) :** Délicieux
- **Boleh (boh-leh) :** D'accord/Peut
- **Tidak (tee- dak) :** Non
- **Air (ai-er) :** Eau
- **Makan (mah-kan) :** Nourriture
- **Minum (mee-num) :** Boire
- **Tandas (tan-das) :** Toilettes

Conseil : Apprenez quelques expressions liées à vos intérêts spécifiques en matière de voyage. Par exemple, si vous prévoyez de visiter des sites historiques, apprenez « Muzium » (moo-zee-um) qui signifie musée. Si vous êtes un passionné de la nature, pensez à " Hutan hujan " (hoo -tan hoo-jan) qui se traduit par forêt tropicale.

Nombres et comptage : simplifier les transactions

Connaître les chiffres de base vous aide à comprendre les prix, à naviguer dans les transports en commun et à négocier efficacement. Voici quelques chiffres essentiels :

- Satu (sah-tu) - Un
- Dua (doo-ah) - Deux
- Tiga (tee- gah) - Trois
- Empat (em -pat) - Quatre
- Lima (lee- mah) - Cinq
- Enam (eh- nam) - Six
- Tujuh (aussi- jooh) - Sept
- Lapan (lah -pan) - Huit
- Sembilan (sem -bi- lan) - Neuf
- Sepuluh (seh -poo-loo) - Dix

Astuce : Combinez les nombres avec " ribu " (ree -boo) pour obtenir des milliers et " juta " (joo-tah) pour des millions. Par exemple, 10 000 équivaut à " sepuluh ribu " et 1 million équivaut à " satu juta."

Rassembler le tout : exemples de conversations

Voici quelques exemples de conversations pour mettre en pratique vos compétences nouvellement acquises en bahasa malaisien :

Scénario 1 : Commander de la nourriture dans un restaurant

- **Pelayan (peh-lah-yan) :** Selamat datang ! (Accueillir!)
- **Vous :** Selamat pagi . Saya nak pesan nasi lemak , silakan . (Bonjour. J'aimerais commander Nasi Lemak , s'il vous plaît.)
- **Pelayan :** Dengan apa ya ? (Avec quoi?)
- **Vous :** Dengan sambal bilis dan telur matahari , silakan . (Avec du sambal aux anchois et un œuf au plat, s'il vous plaît.)

Pelayan : Boleh , air apa ya ? (D'accord, quelle boisson préférez-vous ?)

- **Vous :** Teh tarik , panas , silakan . (Teh tarik , chaud, s'il vous plaît.)
- **Pelayan :** Baïklah . Terima kasih . (Très bien merci.)

Scénario 2 : demander son chemin sur un marché

- **Vous :** Maaf , boleh tolong saya ? Di mana kedai buah-buahan, silakan ? (Excusez-moi, pouvez-vous m'aider ? Où est l'étal de fruits, s'il vous plaît ?)

- **Vendeur :** Ouais, betul. Jalan terus et belok kiri di simpang pertama. (Oui, bien sûr. Au premier carrefour, allez tout droit et tournez à gauche.)

- **Vous :** Terima kasih banyak ! (Merci beaucoup!)

- **Vendeur :** Sama-sama ! (Vous êtes les bienvenus!)

Embrassez le voyage, embrassez la langue

Apprendre quelques phrases de base en bahasa malaisien ne consiste pas seulement à naviguer sur les marchés ou à commander de la nourriture. C'est un geste de respect pour la culture locale et un pont pour se connecter avec le merveilleux peuple malaisien. Embrassez le voyage de l'apprentissage, n'ayez pas peur de faire des erreurs et appréciez les sourires chaleureux et la véritable appréciation qui accompagnent le fait de parler quelques mots de la langue. Selamat jalan dan selamat menikmati perjalanan anda di Malaisie ! (Au revoir et bon voyage merveilleux en Malaisie !)

Dévoilement de l'hospitalité malaisienne : un guide pour des séjours économiques, de milieu de gamme et de luxe

La tapisserie vibrante de la Malaisie offre quelque chose à chaque voyageur, et il en va de même pour sa gamme diversifiée d'options d'hébergement.

Que vous soyez un routard à la recherche d'une auberge sociale ou un voyageur averti avide de luxe opulent, ce guide dévoile cinq hôtels captivants adaptés à différents budgets.

Joyaux économiques : adopter l'abordabilité avec le confort

1. The Bed KLCC (Centre-ville de Kuala Lumpur) : Niché au cœur de Kuala Lumpur, The Bed KLCC offre un emplacement privilégié pour les voyageurs soucieux de leur budget. Cette auberge élégante propose des dortoirs propres avec des lits superposés confortables, des casiers pour la sécurité et la climatisation pour lutter contre la chaleur malaisienne. Vous pourrez socialiser dans les espaces communs, profiter du toit-terrasse offrant une vue sur le paysage urbain et utiliser la blanchisserie sur place.

- **Emplacement :** Jalan Bukit Bintang , centre-ville de Kuala Lumpur (KLCC)

- **Services :** Dortoirs, espaces communs, toit-terrasse, laverie, Wi-Fi gratuit
- **Prix :** Les lits en dortoir commencent à partir de 50 RM (environ 12 USD) par nuit.

2. Tune Hotels (emplacements multiples) : Tune Hotels, une chaîne d'hôtels économiques malaisiens, offre une option fiable et propre aux voyageurs à petit budget à travers le pays. Leurs chambres minimalistes sont équipées de la climatisation, de lits confortables et d'une salle de bains attenante.

Les hôtels sont généralement situés à proximité des centres de transports en commun et offrent des équipements de base comme des distributeurs automatiques et une bagagerie.

- **Emplacements :** Grandes villes et destinations touristiques de toute la Malaisie
- **Services :** Chambres compactes avec et salles de bains privatives, climatisation, distributeurs automatiques, bagagerie
- **Prix :** Les chambres commencent à partir de 70 RM (environ 17 USD) par nuit, selon l'emplacement et la saison.

3. Backpacker 栈 (Zhàn) (Penang) : Cette auberge animée de Penang offre une atmosphère sociale et la possibilité de se connecter avec d'autres voyageurs. Ils disposent de dortoirs et de chambres privées à des tarifs abordables. L'auberge organise des visites à pied, des tournées des pubs et des événements culturels, ce qui en fait une base idéale pour explorer les rues animées et les sites historiques de Penang.

- **Lieu :** Lebuh Campbell, Georgetown, Penang
- **Services :** Dortoirs, chambres privées, espaces communs, visites et événements, Wi-Fi gratuit
- **Prix :** Les lits en dortoir commencent à partir de 35 RM (environ 8 USD) par nuit et les chambres privées à partir de 80 RM (environ 19 USD) par nuit.

4. We Hostel (Langkawi) : Situé sur la magnifique île de Langkawi, We Hostel offre une atmosphère décontractée et une vue imprenable sur la plage. Vous pourrez choisir entre des dortoirs ou des bungalows privés avec balcon. L'auberge dispose d'une piscine et d'un bar sur le toit avec vue panoramique et organise des activités de plage comme des excursions en kayak et en plongée avec tuba.

- **Lieu :** Pantai Cenang, Langkawi
- **Services :** Dortoirs, bungalows privés, piscine, bar sur le toit, activités de plage, Wi-Fi gratuit

- **Prix :** Les lits en dortoir commencent à partir de 40 RM (environ 10 USD) par nuit et les bungalows privés à partir de 100 RM (environ 24 USD) par nuit.

5. Le YMCA de Kuala Lumpur : Pour une option économique au cœur de Kuala Lumpur, pensez au YMCA de Kuala Lumpur. Ce bâtiment historique propose des chambres propres et confortables à un prix très abordable. Les clients ont accès à une piscine, une salle de sport et un restaurant servant une cuisine locale et internationale.

- **Lieu :** Jalan Raja Laut , Kuala Lumpur
- **Services :** Chambres, piscine , salle de sport, restaurant, Wi Fi gratuit
- **Prix :** Les chambres commencent à partir de 80 RM (environ 19 USD) par nuit.

Merveilles de milieu de gamme : trouver l'équilibre parfait

1. The Stripes Kuala Lumpur, Curio Collection by Hilton : Situé dans le quartier branché de Bukit Bintang , The Stripes offre une expérience élégante de milieu de gamme. Cet hôtel de charme propose des chambres contemporaines dotées d'un mobilier luxueux, d'une vue sur la ville et d'équipements modernes comme une télévision à écran plat et un minibar. Vous pourrez vous détendre au bord de la piscine à débordement sur le toit offrant une vue imprenable, savourer la délicieuse cuisine malaisienne au restaurant de l'hôtel ou explorer la vie nocturne animée et les magasins à proximité.

- **Lieu :** Jalan Bukit Bintang, Kuala Lumpur
- **Services :** Chambres élégantes, piscine à débordement sur le toit, restaurant, bar, centre de remise en forme
- **Prix :** Les chambres commencent à partir de 400 RM (environ 97 USD) par nuit.

2. The Banjaran Hotsprings Retreat, Langkawi : Échappez à l'agitation urbaine et plongez-vous dans l'étreinte de la nature au Banjaran Hotsprings Retreat à Langkawi. Niché au milieu de forêts tropicales luxuriantes et de cascades, ce complexe respectueux de l'environnement propose des villas luxueuses perchées sur pilotis avec bassins profonds privés. Le complexe dispose de sources chaudes naturelles, d'un spa proposant des soins rajeunissants et de promenades guidées dans la nature pour les voyageurs aventureux.

- **Lieu :** Teluk Semangkok, Langkawi
- **Services :** Villas de luxe, sources chaudes naturelles, spa, restaurant, promenades guidées dans la nature
- **Prix :** Les villas commencent à partir de 1 200 RM (environ 290 USD) par nuit.

3. Hôtel Indigo Penang : Pour un avant-goût du luxe boutique à Penang, pensez à l'Hôtel Indigo Penang. Cet hôtel élégant propose des chambres décorées avec des influences Peranakan, reflétant le riche patrimoine culturel de la région. Vous pourrez savourer de délicieux repas dans les restaurants sur place, vous détendre au bord de la piscine sur le toit avec vue sur la ville ou explorer le site de Georgetown, classé au patrimoine mondial de l'UNESCO, à proximité.

- **Emplacement :** Lebuh Leith, Georgetown, Penang
- **Services :** Chambres élégantes, piscine sur le toit, restaurants, bar, spa (sur demande)
- **Prix :** Les chambres commencent à partir de 500 RM (environ 120 USD) par nuit.

4. The M Boutique Hotel (Malacca) : Remontez le temps et découvrez le charme de la ville historique de Malacca au M Boutique Hotel. Installé dans un shophouse magnifiquement restauré, cet hôtel de charme offre un mélange unique d'architecture traditionnelle et d'équipements modernes. Vous pourrez vous détendre dans la cour tranquille, savourer une cuisine locale au café sur place ou explorer les sites historiques et les marchés nocturnes animés à proximité.

- **Emplacement :** Jalan Tun Écluse de Tan Cheng, ville de Malacca
- **Services :** Chambres élégantes, cour, café, Wi-Fi gratuit
- **Prix :** Les chambres commencent à partir de 350 RM (environ 84 USD) par nuit.

5. Borneo Nature Lodge (Sabah) : Plongez-vous au cœur de la forêt tropicale vierge de Bornéo au Borneo Nature Lodge. Cet éco-lodge propose des chalets confortables nichés au milieu des arbres, parfaits pour les amoureux de la nature et de la faune. Les clients peuvent participer à des promenades guidées dans la jungle, des croisières fluviales et d'autres activités passionnantes, tout en minimisant leur impact environnemental.

- **Localisation :** Vallée de Danum, Sabah
- **Services :** Chalets, restaurant, bar, activités nature guidées, éco-gestes
- **Prix :** Les chalets commencent à partir de 800 RM (environ 194 USD) par nuit, repas et activités compris.

Hébergements de luxe : dévoiler une opulence inoubliable

1. **The Majestic Hotel Kuala Lumpur :** Remontez le temps et découvrez la grandeur coloniale au Majestic Hotel Kuala Lumpur. Cet hôtel cinq étoiles emblématique possède une

histoire riche et une architecture élégante, transportant les clients dans une époque révolue.

Les chambres luxueuses disposent de hauts plafonds, d'un mobilier luxueux et d'une salle de bains en marbre. Vous pourrez savourer une cuisine exquise dans une variété de restaurants, vous détendre au spa ou piquer une tête dans la majestueuse piscine.

- **Lieu :** Jalan Sultan Hishamuddin , Kuala Lumpur
- **Services :** Chambres de luxe, spa, piscine, plusieurs restaurants, ambiance historique
- **Prix :** Les chambres commencent à partir de 1 800 RM (environ 434 USD) par nuit.

2. Le Datai Langkawi : Niché au milieu d'une forêt tropicale immaculée et surplombant un front de mer à couper le souffle, le Datai Langkawi offre un luxe sans précédent. Ce complexe primé propose des villas spacieuses avec piscines privées, un service impeccable et une gamme d'équipements de classe mondiale. Les clients peuvent profiter de soins de spa rajeunissants, participer à des sports nautiques passionnants ou simplement se détendre sur la plage immaculée.

- **Emplacement :** île de Langkawi

- **Services :** Villas de luxe, piscines privées, spa, plusieurs restaurants, activités nautiques, club enfants
- **Prix :** Les villas commencent à partir de 3 000 RM (environ 720 USD) par nuit.

3. **The George Town Cheong Fatt Mansion (Penang) :** Découvrez une tranche d'histoire et une touche de fantaisie au George Town Cheong Fatt Mansion à Penang. Cette maison chinoise magnifiquement restaurée avec cour a été transformée en un luxueux hôtel de charme, proposant des chambres au design complexe et un sentiment de grandeur. Les clients peuvent explorer la riche histoire du manoir, profiter d'un service de majordome personnalisé et se plonger dans la culture dynamique de Penang.

- **Emplacement :** Lebuh Leith, Georgetown, Penang
- **Services :** Chambres patrimoniales uniques, service de majordome personnalisé, expériences culturelles, restaurant
- **Prix :** Les chambres commencent à partir de 2 500 RM (environ 600 USD) par nuit.

4. **Pangkor Laut Resort (Pangkor Île) :** Évadez-vous au paradis au Pangkor Laut Resort, une retraite luxueuse nichée sur une île privée au large de Perak. Ce complexe primé propose de superbes villas sur pilotis, un service impeccable et une multitude

d'activités pour tous les âges. Vous pourrez profiter de soins de spa rajeunissants, explorer les récifs coralliens environnants en faisant de la plongée ou du snorkeling, ou simplement vous détendre sur la plage immaculée avec un cocktail à la main.

- **Localisation :** Pangkor Île, Perak
- **Services :** Villas sur pilotis, villas sur plage, spa, plusieurs restaurants, activités de sports nautiques, club pour enfants
- **Prix :** Les villas commencent à partir de 2 000 RM (environ 480 USD) par nuit.

5. Four Seasons Resort Langkawi : Pour un luxe ultime au milieu d'une beauté naturelle à couper le souffle, ne cherchez pas plus loin que le Four Seasons Resort Langkawi. Niché sur une péninsule privée surplombant les eaux turquoise de la mer d'Andaman, ce complexe propose des villas spacieuses avec piscines privées, un service impeccable et une gamme d'équipements inégalés. Les clients peuvent profiter d'expériences culinaires de classe mondiale, se ressourcer au célèbre spa ou participer à une variété d'activités telles que des randonnées dans la forêt tropicale et des excursions en bateau.

- **Lieu :** Tanjung Rhu, Langkawi

- **Services :** Villas de luxe, piscines privées, spa, plusieurs restaurants, activités de sports nautiques, expériences culturelles, club pour enfants
- **Prix :** Les villas commencent à partir de 3 500 RM (environ 840 USD) par nuit.

CHAPITRE 7

Le calendrier dynamique de la Malaisie - Un voyage à travers les festivals et événements

La Malaisie, une tapisserie tissée de cultures et de traditions diverses, possède un calendrier dynamique regorgeant de festivals et d'événements captivants. De la joyeuse célébration de Eid al-Fitr au spectacle grandiose de Thaipusam, chaque coin du pays vibre de vie et de couleurs tout au long de l'année. Ce chapitre vous emmène dans un voyage captivant à travers certains des festivals et événements les plus célèbres de Malaisie, offrant un aperçu du riche patrimoine culturel et de l'enthousiasme contagieux qui définit la nation.

Dévoiler l'esprit festif : un aperçu des célébrations malaisiennes

Les festivals malaisiens sont plus que de simples célébrations ; ce sont des expressions vibrantes de foi, de patrimoine culturel et d'esprit communautaire. Saisissez l'opportunité d'être témoin de ces événements et plongez-vous dans les traditions uniques qui prennent vie. Voici un aperçu de quelques aspects clés qui distinguent les festivals malaisiens :

- **L'unité dans la diversité :** La société multiculturelle de la Malaisie se reflète magnifiquement dans ses festivals. Les communautés musulmanes, hindoues, bouddhistes, chrétiennes et autochtones ont toutes leurs célébrations distinctes, favorisant un esprit de compréhension et d'inclusion.

- **Festins et délices culinaires :** Les festivals malaisiens sont synonymes d'abondance de plats délicieux. Dégustez des spécialités traditionnelles uniques à chaque célébration, du riche rendang de Eid al-Fitr au doux payasam de Thaipusam.

- **Spectacles culturels :** Soyez captivé par des spectacles culturels dynamiques qui mettent en valeur la musique, la danse et les contes traditionnels. Ces performances offrent une fenêtre sur le patrimoine artistique de différentes communautés.

- **Journées portes ouvertes :** De nombreux festivals proposent une tradition de journées portes ouvertes, où les familles accueillent les invités pour partager des repas, des festivités et l'esprit de fête. Cela crée une atmosphère chaleureuse et accueillante permettant aux visiteurs de découvrir la culture locale.

Festivals essentiels : témoin de l'âme de la Malaisie

Examinons maintenant plus en détail certains des festivals les plus importants de Malaisie, en vous offrant un avant-goût des diverses expériences qui vous attendent :

- **Hari Raya Aidilfitri (Eid al- Fitr) :** Marquant la fin du Ramadan, le mois sacré du jeûne, Hari Raya Aidilfitri est la célébration la plus importante pour la population musulmane de Malaisie. L'air vibre de joie alors que les familles se réunissent, enfilent de nouveaux vêtements, échangent des cadeaux et assistent à des prières spéciales. De délicieuses spécialités comme le rendang , le satay et le ketupat ornent les tables à manger, et les journées portes ouvertes offrent l'occasion de découvrir la chaleur de l'hospitalité malaisienne.

Astuce : Pendant le Hari Raya, il est de coutume de saluer les autres avec « Selamat Hari Raya » et de porter des vêtements respectueux. Soyez conscient des heures de prière lorsque vous visitez les mosquées et savourez l'esprit de pardon et de joie qui imprègne la célébration.

- **Thaipusam :** Un festival hindou animé, Thaipusam, présente une dévotion inébranlable et un spectacle coloré. Les fidèles se lancent dans un pèlerinage vers les temples, portant des kavadis (structures décorées) ornés comme offrandes au Seigneur Murugan. Soyez témoin d'actes d'auto-mortification, symbolisant le sacrifice et la purification, et laissez-vous captiver par les chants rythmés et les performances culturelles vibrantes qui remplissent l'air.

Astuce : Thaipusam est mieux connu dans les grands temples comme les grottes Batu près de Kuala Lumpur ou le temple Sri Mariamman de Penang. Habillez-vous modestement et soyez respectueux de la signification religieuse de l'événement.

- **Nouvel An chinois :** Marquant le début du calendrier lunaire, le Nouvel An chinois est une joyeuse célébration pour la communauté chinoise de Malaisie. Les festivités durent 15 jours, remplies de danses du lion, de défilés vibrants et de feux d'artifice. Les familles se réunissent pour des dîners de retrouvailles mettant en vedette des plats symboliques comme le poisson (abondance) et les raviolis (richesse). Les rues s'animent dans une atmosphère festive, offrant l'occasion d'assister à des traditions anciennes et à des spectacles culturels.

Astuce : Pendant le Nouvel An chinois, la couleur rouge symbolise la chance, alors attendez-vous à la voir partout. Des paquets rouges contenant de l'argent sont traditionnellement remis aux enfants et aux adultes célibataires. Embrassez l'esprit de fête et participez aux festivités vibrantes.

Au-delà des grands noms : des événements inoubliables pour tous les goûts

La Malaisie possède une pléthore d'événements répondant à des intérêts divers. Considérez les expériences inhabituelles suivantes :

- **Festival de George Town (Penang) :** Cet événement annuel transforme Georgetown, un site classé au patrimoine mondial de l'UNESCO à Penang, en une plateforme dynamique pour l'art, la culture et le patrimoine. Des installations de street art, des performances culturelles et des jeux de lumière uniques envahissent la ville, créant une atmosphère magique. Plongez-vous dans l'expression artistique, explorez des sites historiques et imprégnez-vous de l'énergie créative du festival.

- **Rainforest World Music Festival (Sarawak) :** Organisé au cœur de la forêt tropicale vierge de Bornéo, ce festival rassemble des musiciens du monde entier. Découvrez le mélange harmonieux de musique traditionnelle et contemporaine au milieu de la beauté naturelle à couper le souffle du Sarawak. Entrez en contact avec diverses cultures, participez à des ateliers et connectez-vous avec des mélomanes du monde entier sous la canopée de Bornéo.

- **Festival international de la gastronomie de Malaisie (Kuala Lumpur) :** Paradis des gourmands, ce festival met en valeur la diversité culinaire de la Malaisie. Savourez des spécialités des quatre coins du pays, des riches currys de Penang aux plats de fruits de mer frais de Langkawi. Participez à des démonstrations culinaires, découvrez les ingrédients locaux et embarquez pour un délicieux voyage à travers la cuisine malaisienne.

- **Festival international de montgolfières de Malaisie (Putrajaya) :** Assistez à un spectacle à couper le souffle alors que des montgolfières colorées peignent le ciel de Putrajaya. Cet événement familial propose des promenades en montgolfière captive, des spectacles de musique live et une atmosphère de carnaval animée. Prenez de superbes photos, émerveillez-vous devant le talent artistique des ballons et créez des souvenirs impérissables lors de ce festival unique.

- **Gawai Dayak (Sarawak) :** Plongez-vous dans les riches traditions des communautés autochtones Dayak du Sarawak pendant Gawai Dayak. Cette fête des récoltes est une célébration d'action de grâce pour une récolte abondante. Assistez à des spectacles de danse traditionnelle, dégustez une cuisine Dayak unique et découvrez l'hospitalité chaleureuse de la population locale. Participez à des jeux et des concours, découvrez le mode de vie Dayak et laissez-vous captiver par les couleurs vibrantes et l'esprit joyeux du festival.

Planifier votre expérience de festival : tirer le meilleur parti de votre voyage

- Voici quelques conseils pour vous assurer de vivre une expérience enrichissante lors des festivals malaisiens :

- **Recherche :** Planifiez votre voyage en fonction de festivals spécifiques qui suscitent votre intérêt. Recherchez les coutumes et les traditions associées à chaque événement pour mieux comprendre.

- **Réservez un hébergement à l'avance :** Les festivals populaires entraînent une augmentation du tourisme. Réservez votre hébergement longtemps à l'avance, notamment pour les grandes célébrations comme Hari Raya Aidilfitri et le Nouvel An chinois.

- **Habillez-vous modestement :** Bien que la Malaisie soit un pays relativement détendu, certains festivals peuvent exiger des vêtements modestes, en particulier lors de la visite de sites religieux. Faites vos valises en conséquence pour respecter les coutumes locales.

- **Embrassez l'Esprit :** Les festivals sont un moment d'immersion culturelle. Soyez ouvert à essayer de nouveaux aliments, à apprendre quelques phrases de base en bahasa malaisien et à interagir avec les habitants pour véritablement ressentir l'esprit festif.

- **Soyez attentif aux foules :** Les festivals populaires peuvent être bondés. Soyez patient, naviguez poliment dans la foule et donnez la priorité à la sécurité, surtout si vous voyagez avec des enfants.

En suivant ces conseils et en vous immergeant dans les festivals et événements dynamiques de la Malaisie, vous acquerrez une compréhension plus approfondie de la riche tapisserie culturelle du pays et créerez des souvenirs qui dureront toute une vie. Alors, faites vos valises, adoptez l'esprit de fête et préparez-vous à vivre la magie des festivals malaisiens !

CHAPITRE BONUS

Guide de l'initié – Dévoilement des joyaux cachés de la Malaisie

La Malaisie, une terre vibrante d'une culture vibrante, de paysages époustouflants et d'une histoire captivante, offre bien plus que les hauts lieux touristiques habituels. Ce guide d'initié va au-delà des sentiers battus et révèle un trésor d'expériences uniques qui vous laisseront des souvenirs inoubliables. Préparez-vous à découvrir des cafés originaux, des cascades cachées, des événements culturels hors des sentiers battus et des sites historiques moins connus qui ajouteront une touche de magie à votre aventure malaisienne.

Cafés originaux : alimentez vos explorations avec des bières inoubliables

- **The Grounds by Secret Recipe (Kuala Lumpur) :** Abandonnez l'expérience conventionnelle du café et entrez dans un monde fantaisiste à The Grounds by Secret Recipe. Ce café sur le thème d'Alice au pays des merveilles vous transporte dans un royaume fantastique, avec des tasses à thé surdimensionnées, des meubles originaux et un menu regorgeant de desserts et de boissons créatifs. Offrez-vous leur latte signature « Queen of Hearts » ou le « Mad Hatter's Tea Party » pour une expérience vraiment digne d'Instagram.

- **The Owl Sanctuary Cafe (Penang) :** Appel à tous les amoureux des animaux ! Le Owl Sanctuary Cafe à Penang offre une occasion unique d'interagir avec ces créatures fascinantes. Sirotez votre café entouré de hiboux de différentes espèces et découvrez leur écologie et leur conservation. Ce café offre une expérience réconfortante aux passionnés d'animaux et l'occasion de prendre d'adorables photos.

- **Cloudz Café & Restaurant (Langkawi) :** À la recherche de vues à couper le souffle avec votre café ? Rendez-vous au Cloudz Café & Restaurant à Langkawi. Perché au sommet d'une colline, ce café offre des vues panoramiques sur la mer d'Andaman et les forêts tropicales luxuriantes. Savourez une tasse de café fraîchement moulu ou un délicieux repas tout en profitant du magnifique paysage. Ce café est parfait pour une évasion relaxante et une chance de renouer avec la nature.

Cascades cachées : une évasion rafraîchissante dans l'étreinte de la nature

- **Kanching Falls (Selangor) :** Échappez à l'agitation de la ville et découvrez la beauté en cascade des chutes Kanching à Selangor. Cette série de sept cascades offre un plongeon rafraîchissant au milieu d'une verdure luxuriante. Relevez le défi avec une randonnée à travers les sentiers de la jungle ou détendez-vous simplement au bord de la piscine au pied des chutes et écoutez les sons apaisants de la nature.

- **Langkawi Sky Pool (Langkawi) :** Pour une expérience de cascade vraiment unique, visitez la Langkawi Sky Pool. Cette piscine à débordement, nichée au milieu de la canopée de la forêt tropicale, offre une vue imprenable sur la vallée environnante et une cascade en cascade en toile de fond. Plongez dans la piscine, prenez de superbes photos et créez des souvenirs inoubliables dans ce cadre idyllique.

- **Lata Iskandar (Perak) :** Aventurez-vous hors des sentiers battus et découvrez Lata Iskandar à Perak. Ce joyau caché présente une série de cascades en cascade entourées d'une forêt tropicale dense. Parfait pour une excursion d'une journée, Lata Iskandar offre des possibilités de baignade, des piscines rocheuses naturelles et la possibilité d'observer une diversité d'oiseaux.

Dévoilement de joyaux culturels : découvrez l'esprit sauvage de la Malaisie

- **Gawai Kenyalang (Sarawak) :** Allez au-delà du courant dominant et découvrez Gawai Kenyalang, une fête des récoltes moins connue célébrée par la communauté Iban du Sarawak. Cette célébration vibrante comprend des spectacles de danse traditionnelle, une cérémonie unique de « ngiling padi » (battage du riz) et une chance de déguster d'authentiques spécialités Iban. Plongez dans le riche patrimoine culturel du peuple Iban et voyez leurs traditions uniques prendre vie.

- **La procession de Penang Thaipusam (Penang) :** Alors que les Batu Caves Thaipusam attirent beaucoup d'attention, Penang offre une expérience Thaipusam unique et moins fréquentée. Soyez témoins des fidèles portant des chars richement décorés (theris) au lieu de kavadis, un aspect distinctif de la procession de Penang. Laissez-vous captiver par les couleurs vibrantes, la musique palpitante et la dévotion inébranlable qui définissent ce festival captivant.

- **Festival d'artisanat Orang Asli (Kuala Lumpur) :** La connexion avec les communautés autochtones enrichit toute expérience de voyage. Le festival d'artisanat Orang Asli à Kuala Lumpur offre aux peuples autochtones de Malaisie une plate-forme pour présenter leur artisanat traditionnel et leur patrimoine culturel. Explorez des perles complexes, des textiles tissés et des sculptures en bois uniques, tout en découvrant les riches traditions des communautés Orang Asli .

Murmures de l'histoire : découvrir le passé moins connu de la Malaisie

- **Kellie's Castle (Selangor) :** Remontez le temps et explorez les ruines du Kellie's Castle, un manoir inachevé de style écossais à Selangor. Enveloppé d'un voile de mystère et réputé hanté, ce château abandonné offre un aperçu du passé colonial.

- Explorez l'architecture en ruine, plongez dans l'histoire fascinante de la construction du château et prenez des photos d'ambiance.

- **Scène de street art arménien de Penang :** Le site de Georgetown, classé au patrimoine mondial de l'UNESCO à Penang, ne se limite pas aux monuments historiques. Promenez-vous dans la rue arménienne et découvrez une scène de street art dynamique. Des artistes locaux talentueux ont transformé les murs en toiles, mettant en valeur leur créativité et injectant une dose de modernité dans le paysage urbain historique. Gardez les yeux ouverts pour découvrir des peintures murales cachées et des installations artistiques uniques pendant que vous explorez ce charmant quartier.

- **Le parc d'État Royal Belum (Perak) :** Les passionnés d'histoire et les amoureux de la nature trouveront un trésor dans le parc d'État Royal Belum à Perak. On pense que cette forêt tropicale vierge est vieille de plusieurs millions d'années et abrite les vestiges d'anciennes civilisations. Explorez la vallée Lenggong, un site classé au patrimoine mondial de l'UNESCO, où les découvertes archéologiques témoignent des premiers établissements humains. Parcourez la canopée de la forêt tropicale, embarquez pour une croisière fluviale et découvrez les joyaux historiques cachés nichés dans ce pays des merveilles naturelles.

- **Les lucioles Mah Meri (Selangor) :** Assistez à un spectacle magique de la nature avec une excursion en bateau à travers les mangroves près de Kuala Selangor. Des millions de lucioles illuminent le ciel nocturne, créant un spectacle fascinant de bioluminescence. Découvrez le délicat écosystème des mangroves, observez les lucioles synchroniser leurs éclairs et créez des souvenirs inoubliables au milieu de cette merveille naturelle.

Embrasser l'inattendu : conseils pour explorer les joyaux cachés

Explorer les trésors cachés nécessite une approche légèrement différente de celle de suivre le sentier touristique habituel. Voici quelques conseils pour garantir une expérience fluide et enrichissante :

- **Faites vos recherches :** Recherchez des informations en ligne ou consultez des guides de voyage locaux pour découvrir des expériences uniques qui correspondent à vos intérêts.

- **Faites preuve de flexibilité :** Soyez prêt à vous écarter de votre itinéraire et à faire des découvertes inattendues en cours de route.

- **Apprenez quelques phrases de base en malais :** Quelques salutations et expressions simples en bahasa malaisien contribuent grandement à montrer du respect aux habitants et à améliorer vos interactions.

- **Habillez-vous convenablement :** Lorsque vous vous aventurez hors des sentiers battus, soyez conscient des sensibilités culturelles et habillez-vous modestement, en particulier lorsque vous visitez des sites religieux ou des communautés rurales.

- **Engagez un guide local :** Envisagez d'embaucher un guide local qui pourra vous donner un aperçu des trésors cachés et partager ses connaissances sur l'histoire et la culture de la région.

En suivant ces conseils et en vous aventurant au-delà des sentiers touristiques habituels, vous débloquerez un trésor d'expériences uniques qui vous permettront de mieux comprendre et apprécier la riche tapisserie de la Malaisie. Alors, adoptez l'esprit d'aventure, explorez les joyaux cachés et créez des souvenirs qui dureront toute une vie !

Savvy en matière de souvenirs : devenez un gourou du shopping de souvenirs en Malaisie

La Malaisie attire les voyageurs avec sa culture dynamique, ses paysages époustouflants et sa cuisine délicieuse. Mais votre aventure malaisienne n'est pas complète sans rapporter à la maison un morceau de magie. Ce guide vous donne les connaissances et le savoir-faire nécessaires pour naviguer dans les marchés et les magasins animés, faisant de vous un novice en matière de souvenirs un gourou confiant de la recherche de cadeaux.

Dévoiler les trésors : un guide de l'artisanat malaisien authentique

La Malaisie possède une riche tradition artisanale, chaque région ayant ses spécialités. Voici un aperçu de quelques souvenirs incontournables et où les trouver :

- **Batik :** Ce magnifique tissu, présentant des motifs vibrants et des motifs complexes créés à l'aide d'une technique de teinture à la cire, est un souvenir malaisien par excellence.

Rendez-vous sur les marchés artisanaux de Kuala Lumpur, Penang ou Terengganu pour trouver une variété de vêtements en batik, de sarongs, de chemins de table et de tentures murales.

- **Étain :** La Malaisie est réputée pour ses étains de haute qualité, connus pour leur durabilité et leurs designs complexes. Trouvez de magnifiques tasses, assiettes, théières et objets décoratifs en étain à Selangor, le cœur de l'industrie de l'étain en Malaisie. Recherchez la marque « Made in Malaysia » pour garantir l'authenticité.

- **Songket :** Tissu de soie ou de coton tissé avec des fils d'or ou d'argent, le songket respire l'élégance et est un symbole de la royauté malaise. Trouvez des tissus, des vêtements et des accessoires songket à Kuala Lumpur, Kelantan et Terengganu. Même si les songket authentiques peuvent coûter cher, vous pouvez trouver des alternatives belles et abordables.

- **Nyonya Perlage :** La communauté chinoise Peranakan, connue sous le nom de Nyonya, est réputée pour son travail de perles exquis. Trouvez des pantoufles, des sacs à main, des sous-verres et des porte-clés finement cousus à la main et ornés de perles colorées à Malacca, Penang et Singapour (avec une importante population Peranakan).

- **Artisanat des communautés autochtones :** Soutenez les artisans locaux en achetant des objets artisanaux auprès des communautés autochtones comme les Orang Asli et Iban . Recherchez des paniers tressés, des sculptures en bois complexes et des bijoux uniques fabriqués à partir de matériaux naturels sur les marchés artisanaux ou les festivals culturels.

La magie du marché : dévoiler le cœur du shopping malaisien

Les marchés malaisiens sont une surcharge sensorielle d'images, de sons et d'odeurs. Voici comment naviguer dans ces pôles dynamiques et obtenir les meilleures offres :

- **Emplacement, emplacement, emplacement :** Chaque région possède ses marchés spécialisés. Recherchez les marchés nocturnes pour une atmosphère animée et une plus grande variété de produits. Les marchés du week-end proposent souvent de meilleures offres et la possibilité d'interagir avec les vendeurs locaux. Les marchés populaires incluent le marché central de Kuala Lumpur, le marché nocturne de Clan Jetties à Penang et le marché dominical de Kota Kinabalu à Sabah.

- **L'art de la négociation :** La négociation fait partie intégrante de l'expérience du marché en Malaisie.

Commencez avec un prix nettement inférieur à celui proposé, soyez poli et respectueux, et soyez prêt à vous retirer si vous n'atteignez pas un prix acceptable. N'oubliez pas que la négociation est une interaction culturelle amusante et non une négociation sous haute pression.

- **L'argent liquide est roi :** Bien que certains vendeurs acceptent les cartes de crédit, l'argent liquide reste le mode de paiement préféré sur la plupart des marchés. Emportez de petites coupures pour des transactions plus faciles.

- **Profitez de l'expérience :** Les marchés ne se limitent pas à faire du shopping ; ils sont une fenêtre sur la vie locale. Dégustez des collations locales, discutez avec les vendeurs et imprégnez-vous de l'atmosphère animée. Soyez conscient des sensibilités culturelles et habillez-vous modestement, en particulier lorsque vous visitez les marchés à proximité de sites religieux.

Au-delà des marchés : des expériences de magasinage uniques

Si les marchés offrent une expérience authentique, voici quelques options alternatives pour la chasse aux souvenirs :

- **Centres commerciaux :** La Malaisie possède une variété de centres commerciaux modernes adaptés à tous les budgets. Trouvez des marques internationales aux côtés de boutiques locales proposant des designs malaisiens uniques. Recherchez les soldes et les promotions, surtout pendant les périodes de fêtes.

- **Magasins d'usine :** bénéficiez d'offres exceptionnelles sur des produits de marque dans les magasins d'usine situés dans des zones spécifiques. Des étains à Selangor aux vêtements en batik à Terengganu, ces points de vente offrent des réductions importantes sur des produits de haute qualité.

- **Galeries d'art et boutiques :** Pour des découvertes plus uniques, explorez les galeries d'art et les boutiques présentant les œuvres d'artisans locaux. Découvrez des bijoux artisanaux, des peintures contemporaines et d'autres trésors artistiques qui représentent l'esprit créatif de la Malaisie.

Conseils d'emballage de pro : des souvenirs qui voyagent bien

Voici quelques conseils pour garantir que vos précieux souvenirs rentrent chez vous en toute sécurité :

- **Choisissez judicieusement :** Optez pour des souvenirs durables et légers qui résisteront aux voyages. Évitez les objets fragiles ou ceux contenant des éléments périssables.

- **Emballez avec soin :** Emballez les articles délicats dans du papier bulle ou du papier de soie. Rangez les objets plus lourds comme les ustensiles en étain au fond de vos bagages pour plus de stabilité.

- **Considérations relatives aux bagages à main :** Si votre souvenir a une importance culturelle ou historique, son exportation peut nécessiter un permis spécial. Renseignez-vous auprès des réglementations douanières pour éviter toute surprise à l'aéroport. Les liquides et les gels (comme les colorants batik) peuvent être soumis à des restrictions, alors pensez à les mettre dans vos bagages enregistrés si cela est autorisé.

- **Déclarez les objets de valeur :** Pour les articles coûteux comme le songket le tissu ou les étains anciens , pensez à les déclarer à la douane pour éviter tout problème à votre arrivée dans votre pays d'origine.

- En suivant ces conseils et en adoptant l'esprit de découverte, vous passerez du statut de novice en souvenirs à celui d'acheteur confiant, rapportant chez vous des trésors uniques qui représentent l'essence de la Malaisie. N'oubliez pas que les meilleurs souvenirs ne sont pas seulement des biens matériels ; ce sont des souvenirs et des expériences qui vous ramèneront dans ce beau pays longtemps après la fin de votre voyage.

Alors, bon shopping et selamat jalan (bon voyage) de Malaisie !

ANNEXE

Glossaire de termes : dévoiler la langue de la Malaisie

Tout au long de cette exploration de la Malaisie, vous avez rencontré une pincée de bahasa malais, la langue nationale. Ce glossaire vous fournit le vocabulaire de base pour naviguer en toute confiance dans votre aventure malaisienne. Des conseils de prononciation sont inclus entre parenthèses en utilisant des sons phonétiques simplifiés (similaires à l'anglais).

Salutations générales et courtoisie :

- **Selamat datang (seh - lah -mat dah-tang) :** Bonjour/Bienvenue (utilisé lors d'une rencontre avec quelqu'un)

- **Terima kasih (tee-rah- kah - sih) :** Merci

- Sama-sama (sah-mah-sah-mah) : De rien

- **Silakan (voir- lah - kan) :** S'il vous plaît (utilisé pour offrir quelque chose ou inviter quelqu'un)

- Tidak apa (tee-dak ah-pa) : C'est bon/De rien

- **Tolong (toh -long) :** S'il vous plaît (utilisé pour demander quelque chose)

Phrases essentielles pour se déplacer :

- **Boleh (boh-leh):** Puis-je/Puis-je
- **Mana (mah -nah) :** Où
- **Berapa (beh -rah-pa) :** Combien
- **Saya tidak faham (saya tee- dak fah-ham) :** Je ne comprends pas
- **Boleh cakap Bahasa Inggeris ? (boleh chah-kap bah-hah- sa ing-geh-ris) :** Parlez-vous anglais ?

Festivals et événements :

- **Hari Raya Aidilfitri (hah- ri rah- ya ai-dil-fitri):** Eid al- Fitr (célébrant la fin du Ramadan)
- **Thaipusam (tie-poo- sam) :** Festival hindou honorant le Seigneur Murugan
- **Gawai Dayak (gah-wai dah-yak) :** Fête des récoltes des communautés Dayak du Sarawak
- **Cina (chee -nah) :** chinois (utilisé pour désigner une personne ou une origine ethnique)
- **Tahun Baru Cina (tah-hoon bah- roo chee -nah) :** Nouvel An chinois

Alimentation et achats :

- **Sedap (seh -dap) :** Délicieux
- **Makan (mah-kan) :** Manger
- **Minum (mee-num) :** À boire
- **Pasar malam (pah-sar mah -lam) :** Marché de nuit
- **Batik (bah- tik) :** Tissu teint avec des motifs complexes
- **Songket (chanson- ket) :** Tissu tissé avec des fils d'or ou d'argent
- **Étain (pyu-ter) :** Un type de métal connu pour sa durabilité

Chiffres (1-10) :

- Satu (sah -aussi)
- Dua (doo-ah)
- Tiga (tee- gah)
- Empat (em -pat)
- Lima (lee- mah)
- Enam (eh- nahm)
- Tujuh (aussi- jooh)

- Lapan (lah -pan)
- Sembilan (sem -bi- lan)
- Sepuluh (seh -poo-loo)

Mots utiles supplémentaires :

- **Air (air) :** Eau
- **Le (le) :** Thé
- **Kopi (kopi) :** Café
- **Île (pulau - poo- lau) :** Île
- **Terima kasih banyak (tee-rah- kah - sih bah- nyak) :** Merci beaucoup
- **Selamat jalan (seh - lah -mat jah-lan) :** Au revoir/Bon voyage

Remarque sur la prononciation :

- Les voyelles sont généralement prononcées telles qu'elles apparaissent (a, e, i , o, u).
- "ai " se prononce comme le son " eye " en anglais.
- "au" se prononce comme le son "ow" dans "vache".
- Le malais est une langue où l'accent est mis sur la dernière syllabe d'un mot, sauf indication contraire.

Adoptez la langue :

Apprendre quelques phrases de base en malais démontre le respect de la culture locale et peut améliorer votre expérience de voyage. N'ayez pas peur de faire des erreurs : les Malaisiens apprécient les efforts et se feront un plaisir de vous aider dans votre voyage.

INDICE

Un dernier adieu : la Malaisie attend votre découverte

La Malaisie, une tapisserie vibrante tissée de cultures diverses, de paysages époustouflants et d'expériences captivantes, vous invite à explorer sa magie. Ce guide complet vous a doté des connaissances et de l'inspiration nécessaires pour vous lancer dans une aventure inoubliable.

Des marchés animés regorgeant de trésors uniques aux forêts tropicales sereines et pleines de vie, la Malaisie offre quelque chose à chaque voyageur. Plongez dans les traditions anciennes lors de festivals captivants, savourez l'explosion de saveurs de la délicieuse cuisine du pays et émerveillez-vous devant la beauté naturelle à couper le souffle qui définit ce joyau de l'Asie du Sud-Est.

Ce guide n'est que le début. En plongeant plus profondément dans la Malaisie, acceptez l'inattendu, connectez-vous à l'hospitalité chaleureuse de ses habitants et créez des souvenirs qui dureront toute une vie. Alors, faites vos valises, libérez votre sens de l'aventure et préparez-vous à tomber amoureux de l'essence captivante de la Malaisie.

Selamat jalan (Voyager en toute sécurité) et **Selamat datang kembali** (Bienvenue) au pays des mille merveilles !

Printed in France by Amazon
Brétigny-sur-Orge, FR